**WITHDRAWN BY THE
UNIVERSITY OF MICHIGAN**

Herzog & de Meuron

Editorial Gustavo Gili, S. A.

08029 Barcelona Rosellón, 87-89. Tel. 322 81 61
28006 Madrid Alcántara, 21. Tel. 401 17 02
1064 Buenos Aires Cochabamba, 154-158. Tel. 361 99 98
México, Naucalpan 53050 Valle de Bravo, 21. Tel. 560 60 11
Bogotá Calle 58, N.º 19-12. Tels. 217 69 39 y 235 61 25
Santiago de Chile Vicuña Mackenna, 462. Tel. 222 45 67

Herzog & de Meuron

Introducción/*Introduction*
José Luis Mateo

GG

Catálogos de Arquitectura Contemporánea
Current Architecture Catalogues

A cargo de / *Editor of the series*
Xavier Güell

Traducciones / *Translations*
Santiago Castán y Graham Thomson

El texto, a excepción de la introducción, es de Herzog & de Meuron
The text, with exception of the introduction, is by Herzog & de Meuron

Ninguna parte de esta publicación, incluido el diseño de la cubierta, puede reproducirse, almacenarse o transmitirse de ninguna forma, ni por ningún medio, sea éste eléctrico, químico, mecánico, óptico, de grabación o de fotocopia, sin la previa autorizacion escrita por parte de la Editorial.

All rights reserved. No part of this work covered by the copyright hereon may be reproduced or used in any form or by any means –graphic, electronic, or mechanical, including photocopying, recording, taping, or information storage and retrieval systems– without written permission of the publisher.

© Editorial Gustavo Gili, S.A. Barcelona, 1989

Printed in Spain
ISBN: 84-252-1402-5
Depósito legal: B.41.255-1989
Fotocomposición: Ormograf, S.A. - Barcelona
Impresión: Grafos, S.A. - Barcelona

Índice			Contents		
Ideas de proyecto. Una conversación de *José Luis Mateo* con *Jacques Herzog*		6	*Ideas of Design.* José Luis Mateo *in conversation with* Jacques Herzog		6
Obras y proyectos			Works and projects		
1979-1982	Piscinas cubiertas y al aire libre	14	*1979-1982*	*Open air and indoor swimming pools*	*14*
1981-1982	Estudio fotográfico Frei	18	*1981-1982*	*Frei photographic studio*	*18*
1982-1988	Casa de piedra	26	*1982-1988*	*Stone house*	*26*
1984	Teatro en Visp	34	*1984*	*Theatre in Visp*	*34*
1984-1985	Casa de madera multilaminar	38	*1984-1985*	*Plywood house*	*38*
1984-1988	Casa a lo largo de un muro límite	44	*1984-1988*	*House along a boundary wall*	*44*
1985-1988	Edificio comercial y residencial "Schwitter"	52	*1985-1988*	*"Schwitter" commercial and apartment building*	*52*
1985-1986	Casa para un coleccionista	60	*1985-1986*	*House for an art collector*	*60*
1986-1987	Almacenes "Ricola"	66	*1986-1987*	*Warehouse for Ricola*	*66*
1986-1987	Piscinas al aire libre	72	*1986-1987*	*Open air swimming pools*	*72*
1987-1988	Urbanización ajardinada	74	*1987-1988*	*Garden suburb*	*74*
1988	Casa grande y parque	80	*1988*	*Large house and park*	*80*
Otros trabajos		84	*Other works*		*84*
Biografía		94	*Biography*		*94*
Bibliografía		95	*Bibliography*		*95*
Agradecimientos		96	*Acknowledgments*		*96*

Ideas de proyecto

Una conversación de José Luis Mateo con Jacques Herzog

Ideas of Design

José Luis Mateo in conversation with Jacques Herzog

JLM: Iniciando vuestra biografía, siempre me ha interesado y causado extrañeza la importancia que otorgáis a Aldo Rossi, profesor vuestro en el Politécnico de Zurich a inicios de los años setenta. Extrañeza que se deriva tanto de la aparente divergencia de intereses proyectuales, como de la usual influencia del discurso rossiano en Italia y España tendente a producir obras que suponían la caricaturización esperpéntica de las ideas y del repertorio formal del maestro.

JH: Toda una generación de arquitectos suizos sacó provecho de la labor docente que Rossi llevó a cabo en la Escuela Politécnica de Zurich desde principios de los setenta, me parece que desde 1971. Hay que tener en cuenta que en todas las escuelas de Europa, muy especialmente en las suizas y en las alemanas, así como en las francesas, se vivía un período interesante en lo social, el período que siguió al año 68, cuyo atractivo está en que despertó la conciencia política de los estudiantes. Pero, en contrapartida, cabe achacarle que hizo pensar a muchos en la posibilidad de sustituir la arquitectura a través de parámetros sociológicos. Aldo Rossi apareció, alejado de este vacío no arquitectónico, como un ave fénix; surgió de las cenizas de la arquitectura maldita realizada en los años 50 y 60. El influjo que ejerció fue casi erótico, porque en él se vio a alguien que, aún teniendo personalidad política, era capaz de hablar sobre arquitectura. No en vano se les concedía entonces mucha importancia a los aspectos políticos y a la crítica de los fenómenos urbanos. A mi entender la trascendencia de Aldo Rossi radica en lo que tuvo de fascinante la aparición del personaje. Por aquel entonces tenía 40 años, se encontraba en una fase muy intensa de su vida, quién sabe si la mejor y más intensa, estaba rebosante de energía.

Nos interesó su modo de hablar de arquitectura, que nos fascinó e influyó más que sus formas arquitectónicas. Tanto para Pierre como para mí las formas y las ideas sobre las que hablaba nos eran, y nos continúan pareciendo, extrañas, pero hay que reconocer que Aldo Rossi fue el catalizador mediante el cual encontramos nuestros propios intereses, nuestra propia biografía. Para muchos arquitectos de nuestra generación, como por ejemplo Roger Diener y Marcel Meili, su fascinante personalidad tuvo un gran impacto; conseguía atraer sin seducir para que se ingresara en una secta religiosa, y esto pese a que, entonces y después, proliferaron proyectos y obras concebidos al abrigo de su estilo.

Lo que quiero decir es que las personas fuertes que presentan una creación propia y específica pueden ser muy

JLM: To make a start with your biography, I have always been interested, and surprised, to note the importance you attach to Aldo Rossi –your tutor at the Polytechnic in Zurich in the early seventies– as a formative influence; surprised on account of the apparent divergence of interests in terms of project and design, and also because of the tendency for the influence exerted by the Rossian discourse in Italy and Spain to result, typically, in work which amounts to a grotesque caricature of the maestro's ideas and formal repertoire.

JH.: A whole generation of Swiss architects benefitted from Rossi's work as a teacher at the Zurich Polytechnic from the beginning of the seventies on; from 1971, if I'm not mistaken. It's necessary to bear in mind that the period following on '68 –whose appeal lies in its awakening of the political consciousness of the students– was interesting in social terms in educational establishments throughout Europe, particularly in Switzerland and Germany, in addition to France, of course. On the other hand, however, we have to hold it responsible for causing many people to think of the possibility of substituting sociology for architecture, or of reinventing architecture according to sociological parameters. Aldo Rossi made his appearance on the scene, at the other end of the spectrum from this non-architectural vacuum, like a phoenix, rising from the ashes of the wretched architecture produced in the '50s and '60s. The influence he exerted was almost erotic, because it was evident that here was someone who, while possessed of a political character, was capable of speaking about architecture. It was not for nothing that a great deal of importance was attached to the political aspects of things, and the critique of urban phenomena, at that time. As I see it, Aldo Rossi's impact and significance stem from this fascination exercised by his appearance –his apparition– as a figure at this time, when he was around forty or so. He was then going through a phase of great intensity, perhaps even the best and most intense phase of his life, and he was overflowing with energy.

What appealed to us was the way in which he spoke about architecture, which fascinated us and influenced us even more than his architectonic forms. For both Pierre and myself, the forms and the ideas which he talked about were, and still seem, strange, but we have to acknowledge that Aldo Rossi was the catalyst through whose action we discovered our own interests, our own discourse. For many of the architects of our generation –Roger Diener and Marcel Meili, for instance– the fascination of his personality had a considerable impact; he had the ability to attract people without inducting them into some religious sect, in

importantes en el campo de la enseñanza, pues no tienen necesidad de crear alumnos a su imagen. Pongamos, por ejemplo, el caso de Joseph Beuys; entre sus alumnos se cuentan Sigmar Polke, Gerhard Richter, Blinky Palermo y Baselitz, todos ellos figuras sobresalientes en estos últimos años cuya obra se diferencia radicalmente de la del gran maestro.

JLM: Has hablado de Beuys que sin duda es una referencia fundamental en vuestra obra. Referencia en un doble aspecto; uno, más abstracto, en donde se insiste en la pretensión de artisticidad como momento específico del proyecto. Otro, quizás más literal, en donde se retoma una cierta pretensión de radicalidad esencialista bien cara a Beuys, que a mí me resulta fundamentalmente distante, juicio que luego la visión de sus obras matiza. Vuestro proyecto para la Diagonal de Barcelona, que estos días he tenido que examinar, sería un claro exponente de esta referencia a Beuys, en su voluntad de proponer un nuevo orden "natural", al margen de la lógica concreta con la que la realidad se articula.

JH: Conocimos a Beuys en 1978, poco después de salir de la Universidad, con ocasión del carnaval de Basilea para el que se nos había encomendado el desarrollo de un tema. Miramos de entrar en contacto con él sólo para que nos aconsejara, pero al final se tomó tan en serio el asunto que acabó haciendo una escultura compuesta por elementos tan diversos como barras de hierro y cobre y una pila de trajes de fieltro. Esta obra se puede contemplar desde hace algunos años en el Museo de Arte de Basilea bajo el título de "FEUERSTAETTE II". Puedo asegurar que la experiencia como colaboradores o ayudantes de Beuys nos valió lo mismo que el tiempo que pasamos en la Universidad; nos abrió los ojos a un mundo desconocido, el mundo de uno de los artistas más relevantes de este siglo, y, sobre todo, de un artista de vanguardia, de un artista poseedor de una utopía artística y política, de un artista, en suma, poseedor de una solidísima base filosófica y conceptual.

Has citado nuestro proyecto para la Diagonal de Barcelona. Pues bien, se trata de un proyecto donde proponemos un sistema de vegetación y estanques organizado según una forma ornamental (una franja de curvas sinusoidales colocada entre el mar y la ciudad). El sistema actúa igual que una depuradora, que en vez de sistemas químicos y mecánicos –sistemas técnicos propios de la vieja civilización de los siglos XIX y XX– se vale de estanques para ofrecer a los habitantes de la

spite of the fact that a multitude of projects were carried out under the aegis of his style.

What I mean to say is that strong personalities who put forward their own highly individual creative work can be tremendously important in the educational field, given that they have no need to create students in their own likeness. Take, for example, the case of Joseph Beuys; his students included Sigmar Polke, Gerhard Richter, Blinky Palermo and Baselitz, all of them outstanding figures of the last few years, and all of their work is radically different from that of the great maestro.

JLM: You mentioned Beuys, who is undoubtedly a fundamental point of reference for your work. A reference in a double sense: the first, more abstract, lying in the insistence on asserting the artistic nature of the moment of specific importance in the design of the project; the other, perhaps more literal, lies in a claim to that essentialist radicalism so dear to Beuys, which strikes me as tremendously distant, a judgement which takes on subtler shadings in the light of your work.

Your project for the Diagonal in Barcelona, which I have recently had occasion to study, could be taken as a clear exposition of this reference to Beuys in its will to posit a new "natural" order, on the margin of the cocrete logic with which reality is articulated.

JH: We got to know Beuys in 1978, shortly after leaving university, on the occasion of the Carnival in Basle, for which we had been commissioned to work on one of the themes. We were looking to get in contact with him simply so that he could give us some advice, but in the event he took the thing so seriously that he ended up making a sculpture, composed of such diverse elements as bars of iron and copper and a pile of felt suits. This piece has been on show for a few years now in the Basle Art Gallery under the title "FEUERSTAETTE II'. I can assure you that the experience of working with Beuys as collaborators or assistants was as valuable for us as all the time we spent in the University; it opened our eyes to an unknown world, the world of one of the most significant artists of this century, and, above all, an avant-garde artist, an artist with a vision of an artistic and political utopia, an artist, in short, with a tremendously solid philosophical and conceptual base.

You mentioned our project for the Diagonal in Barcelona, a project in which, in effect, we put forward a system of vegetation and ponds laid out in an ornamental form (a strip of sinusoidal curves situated between the sea and the city). The system behaves

ciudad una forma visible y arquitectónica (el parque público), amén de productiva y útil (el aire y el agua), y no una arquitectura encubierta y casi criminal (debido a este aire de zona oculta en la ciudad) como la que proponen las estaciones depuradoras normales. La razón de describir este proyecto reside en el deseo de mostrar cómo intentamos trabajar, de ilustrar que con arreglo a nuestra manera de pensar la arquitectura tendrá que abrirse a las condiciones cambiantes de la civilización actual, tendrá que atender a ese mundo aún, por así decirlo, "invisible", a fin de encontrar y desarrollar la forma visible de la arquitectura. Esta es la extinción de la arquitectura de los estilos, o más bien el fin de las preferencias que los arquitectos tienen para ciertos materiales y formas.

JLM: Si en los años sesenta la discusión y la práctica de la arquitectura se presentaron próximas al discurso sociológico y político, si en los setenta la historia fue punto de referencia, los años ochenta han supuesto para muchos, y en especial para nuestra generación, la reivindicación de la artisticidad como momento central de la actividad proyectual. Si esta voluntad de convergencia hacia lo artístico ha sido sin duda útil y necesaria para deshacer viejos mitos ya no operativos, también ha señalado sus límites. Entre ellos quisiera señalar la reclusión de la arquitectura a un mundo cercano al de la escultura, rehusando utilizar los conceptos e instrumentos de nuestra disciplina, actitud que acostumbra a expresar la marginalidad a la que la arquitectura está sometida en nuestra civilización contemporánea. También la reducción de la arquitectura al mundo evocativo e ilusorio de las imágenes.

Si escultura, pintura o cine son actividades próximas, también creo necesario señalar nuestras diferencias metodológicas y conceptuales, por cuanto la arquitectura no se basa ni en la ficción narrativa ni en la pura voluntad expresiva.

JH: Son dos puntos importantísimos en el marco de tu observación que inciden directamente en el tema de las imágenes y de la proximidad del arte y de la arquitectura.

Creo que en nuestra civilización se tiende a reducir las dimensiones del espacio a las imágenes del espacio, es decir, a dos dimensiones, como consecuencia del desarrollo de la imagen técnica que ha reemplazado a la imagen mágica (usando la terminología del filósofo Vilem Flusser). No podemos detener el proceso, es más, sería estúpido hacerlo; tampoco se podía prohibir al pintor del siglo XVI que desarrollara una nueva concepción espacial que no fuera la de los siglos XIV y XV.

like a water purification plant, but in place of chemical and mechanical systems –technical systems which belong to the old civilisation of the nineteenth and twentieth centuries– it makes use of ponds to offer the city's inhabitants a visible and architectural form (the public park) which is at the same time productive and useful (the air and the water), rather than the concealed and furtive, almost criminal, (because of its hidden character in the city) architecture normally put forward for water purification plants. The reason why I have described this project lies in a desire to show how we try to work, to illustrate that according to our way of thinking architecture will have to open itself up to the changing conditions of present-day civilisation, it will have to be responsive to that still "invisible" world, we might say, in order to find and develop its visible form as architecture; this is the extinction of the architecture of styles, it is the end of the architect's preference for certain materials and forms.

JLM: While in the sixties the debate and the practice of architecture adopted a position close to that of sociological and political discourse, and in the seventies the point of reference was history, for many people, and in particular for those of our generation, the eighties have postulated a revindication of the artistic as the central moment in the activity of creating a project. While this determination to establish common ground in the artistic has undoubtedly been useful and necessary in doing away with old and now redundant mythologies, it has also indicated its own limits. Among these limits I would like to single out the restriction of architecture to a world close to that of sculpture, with the attendant refusal to make use of the concepts and techniques proper to our discipline, an attitude which customarily expresses the marginalisation to which architecture is submitted in contemporary civilisation. I would also indicate here the reduction of architecture to the evocative and illusory world of images.

If the activities of sculpture, painting or film making are all close to architecture, I nevertheless think there is a need to mark out our methodological and conceptual differences, inasmuch as architecture is founded on neither narrative fiction nor the pure will to expression.

JH: Those are extremely important points within the context of your observations, with a direct bearing on the question of images and the proximity of art and architecture.

I believe that in our civilisation there is a tendency to reduce the dimensions of space to the images of space, that is, to two

No obstante, es totalmente indispensable desarrollar nuevas estrategias de imágenes, estrategias subversivas, estrategias que contradigan la legibilidad cotidiana, que planteen cuestiones en vez de satisfacer necesidades superfluas igual que hacen la televisión comercial y la arquitectura contemporánea. La arquitectura contemporánea actúa así como un agente publicitario, explota este campo del arte, se vale del arte para renovar la imagen de su arquitectura sin reflejar su fundamento conceptual e intelectual.

A nuestro juicio, la proximidad entre la obra artística y la obra arquitectónica está justificada, pero creo que aplicar la imagen del arte a la arquitectura es lo peor que puede hacerse y eso es lo que sucede cada vez con mayor frecuencia. Por ejemplo, la imagen del minimal art, la deconstructivista o la high-tech se aplican a conceptos arquitectónicos y urbanísticos que datan bien del siglo pasado, bien de la época gloriosa del CIAM y del Wchutemas en Rusia. Creo que nuestra arquitectura está llena de imágenes, que evoca imágenes, que contradice imágenes; sea como fuere, es lo que buscábamos desde que empezamos a trabajar. La riqueza y la complejidad de imágenes, fruto de concebir el todo arquitectónico, se dejan renovar en cada reencuentro con la obra; en cambio, la imagen aplicada cansa a todos y se sustituye por otra al ritmo del mundo comercial que, en cualquier caso, no tiene por qué ser el mismo que el de la arquitectura del mañana.

JLM: Has comentado en otro lugar la desaparición de la tradición como característica de nuestro mundo contemporáneo, que hace imposible abordar el proyecto con voluntad de continuidad.

JH: La tradición, entendida en el sentido estricto del término, ya no existe en nuestro mundo. Ha desaparecido la auténtica tradición, la que nos proporciona la posibilidad de saber, en tanto arquitectos, cómo se hace, por ejemplo, una casa, una puerta o una ventana de acuerdo a una forma tipológica y tradicional de una región, tal como existía hasta mediados del siglo XIX. Sólo nos quedan nombres tradicionales inscritos en el calendario para que organicemos la vida cotidiana. Navidad, Pascua, Pentecostes y algunos nombres más, que nos recuerdan tradiciones de una civilización pasada. Todos vivimos más o menos conscientemente sin los valores y tradiciones que aún valoraban algunas generaciones atrás. El hecho no es alarmante, pero, ¿qué ocupará el vacío dejado por la ausencia de tradición y de religión?

dimensions, as a consequence of the development of the technical image which has taken the place of the magical image (to borrow the terminology of the philosopher Vilem Flusser). We can do nothing to halt the process, and, indeed, it would be stupid to do so; similarly, it was impossible to prevent the painter of the sixteenth century from developing a new conception of space which was not that of the fourteenth or fifteenth century.

It is, nonetheless, absolutely indispensable that we develop new strategies of images; subversive strategies; strategies which contradict the legibility of the everyday; which raise questions rather than satisfy superfluous needs in the way that commercial television and contemporary architecture do. Contemporary architecture behaves like an advertising copywriter, it exploits the field of art, taking advantage of art in order to renew the image of its architecture without reflecting its conceptual and intellectual foundations.

In our view, the proximity between the work of art and the work of architecture is justified, but I think that to apply the image of art to architecture is the worst thing you could do, and this is just what is happening more and more frequently. For example, the images of minimal art, of deconstructivism or of high-tech are being applied to architectonic and urban design concepts which date either from the last century, or from the glorious days of the CIAM and the Wchutemas in Russia.

I believe that our architecture is full of images, that it evokes images, that it contradicts images; be that as it may, it is what we have been looking for in our work ever since we started. The wealth and complexity of images, fruit of the conception of the architectural whole, are free to renew themselves in each re-encounter with the work; by contrast, everybody gets tired of applied images, which constantly replace one another, keeping pace with the rhythm of the world of commerce; in any case, there is no reason why that should be the same as the world of the architecture of tomorrow.

JLM: You have remarked elsewhere on the disappearance of tradition as a characteristic of the contemporary world, which renders it impossible to approach the project with the will to continuity.

JH: Tradition, understood in the strict sense of the term, no longer exists in our world. Authentic tradition has disappeared; the tradition which affords the possibility of knowing, as architects, how a house, for example, or a door or a window, is made according to a region's traditional typological form, such as it

Pienso que esta situación, evidente sobre todo en el campo de la arquitectura, nos lleva a preguntarnos cómo hay que trabajar en calidad de arquitectos, a qué nos podemos agarrar, habida cuenta de que a todos nos gusta tener algo a lo que asirnos, ¿no es cierto? Y, al hilo de esta idea, retomo el tema del arte y de la arquitectura. Personalmente, abogo por el arquitecto como artista, como arquitecto-artista o como quieras llamarlo; lo fundamental será prolongar y ampliar los límites de la arquitectura contemporánea convertida ahora sólo en pragmática o (en el extremo opuesto) en gráfica posmoderna. Aprovecho para repetir una vez más que cuando hablo de proximidad al arte no estoy pensando en una copia o en una analogía formal del mismo, sino en el terreno conceptual e intelectual que los artistas de la posguerra se han encargado de desarrollar e investigar con mayor ahínco que los arquitectos. Podremos sustituir la pérdida de la tradición únicamente a través de la complejidad conceptual de la obra arquitectónica a todos los niveles, pero nunca se logrará mediante la tecnología ni con una actitud tendente a conservar imágenes arcaicas.

JLM: Vuestras primeras obras, realizadas a mediados de los setenta en el momento álgido del historicismo posmoderno proponen polémicamente –y esto es algo común con otros arquitectos de nuestra generación– una lectura positiva y cariñosa hacia la arquitectura moderna de los años cincuenta y sesenta, y también una cierta atracción hacia el mundo dislocado, roto y depauperado de la periferia.

JH: La arquitectura de los años cincuenta y sesenta al principio nos atrajo porque expresaba nuestras experiencias juveniles y porque representaba aquellas imágenes que habíamos comprendido y utilizado como instrumento de trabajo para desarrollar un lenguaje arquitectónico que nos fuese propio. Desde 1978 hasta quizás 1983, este conjunto de imágenes análogas dominó nuestros proyectos (el fotoestudio Frei, la casa azul, el proyecto de piscina cubierta, la casa para un veterinario) debido en buena medida a que entonces el gusto de los arquitectos se decantaba por lo neoclásico, lo cual nos permitía expresar un "contramundo". Posteriormente, empezamos a desconfiar de una "nueva tradición moderna". Comprendimos que las imágenes que utilizábamos nos ayudaban a iniciar el proyecto, nos daban al principio confianza. Pero notamos que la arquitectura resultante debía abandonarlas, dejarlas en la cuneta, que el proyecto iba a generar una nueva realidad expuesta a convertirse en banal si seguía ligada a las

was around the middle of the nineteenth century. All that we have left are traditional names, inscriptions on the calendar for us to organise our day-to-day life by. Christmas, Easter, Pentecost and a few more names, to remind us of traditions from a past civilisation. We all live more or less consciously without those values and traditions which were still held dear even a few generations back. There is nothing alarming about this fact; but what will occupy the place left vacant by the absence of tradition and religion?

I think this situation, evident above all in the field of architecture, leads us to ask ourselves how we should work in our capacity as architects, what we should hold on to, allowing for the fact that we all like to have something to cling to, wouldn't you agree? And, pursuing this idea further, we come back to the issue of art and architecture. Personally, I support the idea of the architect as artist, as architect-artist or whatever you want to call it; the fundamental thing is to extend and widen the limits of an architecture which nowadays finds itself converted into pure pragmatism or, at the opposite extreme, postmodern graphics. Allow me to repeat once again that in speaking of proximity to art I am not thinking in terms of a copy or a formal analogy, but proximity in terms of the conceptual and intellectual terrain which the artists of the postwar period have taken it on themselves to explore and develop in much greater earnest than the architects have done. We can compensate for the loss of tradition only by means of conceptual complexity on all levels of the work of architecture; it can never be achieved by means of technology or an attitude tending to conserve archaic images.

JLM: Your first pieces of work, carried out in the mid-seventies, when postmodern historicism was at its peak, defiantly propose –and this is something that you have in common with other architects of our generation– a positive and affectionate reading of the modern architecture of the '50s and '60s, as well as a certain attraction towards the dislocated, broken down, impoverished world of the periphery.

JH: The architecture of the fifties and sixties attracted us initially because it expressed the experiences of our youth and because it presented the images which we had understood and employed as a tool in developing an architectonic language which was to be our own. From 1978 up until perhaps 1983 this compendium of analogous images dominated our projects (the Frei photographic studio, the blue house, the project for the indoor swimming pool, the house for a vet), to a great extent

imágenes, las imágenes de nuestra percepción del mundo. La arquitectura que nace de este proceso –perceptivo al empezar– renuncia a establecer analogías directas con el mundo visual, no las respeta y, sobre todo, no las admira.

Nuestra arquitectura está bajo el dominio de nuestra percepción del mundo, mas no obliga al observador a asumir nuestra perspectiva para comprenderla.

JLM: Vuestra obra más reciente está a mi juicio operando –quizás como expresión final y activa de un cierto panteísmo pos-romántico– desde una cierta voluntad de naturalidad radical. Naturalidad entendible desde la lógica de la geología o de la naturaleza como verdad última, ¿quizás nostálgica?, sobre la que fundar el proyecto.

A veces hemos comentado cómo vuestro proyecto de concurso para las viviendas de Basilea lo veía próximo a la escultura de Cucchi en Louisiana, en donde la obra se quería expresión solidificada del magma ardiente que –según Demócrito– se movía en ebullición bajo la corteza terrestre. También vuestros almacenes en Basilea, surgían desde la metáfora geográfica: las vías, como flujo de un río, los almacenes como islotes que ejercen resistencia al fluido...

Como si quisierais encontrar puntos de apoyo firmes en relaciones esenciales entre partes no visibles, pero que pudieran dar validez y estabilidad al mundo sensible.

JH: El científico crea modelos, como la teoría atómica, por ejemplo, con la finalidad de reconocer la realidad de la naturaleza, para clasificarla y describirla. De igual manera, nos valemos de la arquitectura como instrumento para percibir la realidad de la ciudad, es decir, para comprender algo, para ver ese algo en un contexto que determine un sentido y, en último término, para crear ese contexto. Nuestro interés por esta comparación proviene del hecho de que la investigación científica explora la realidad y encuentra en la misma imágenes que por invisibles no son menos reales, halla imágenes invisibles y reales de la materia, imágenes de nuestro mundo. Nos interesa la relación existente entre las imágenes visibles e invisibles de este mundo; nos interesa la imagen invisible porque permite captar la imagen visible en tanto aspecto de un proceso, o sea, en tanto fragmento de un conjunto (de una unidad). Todo objeto natural, toda materia orgánica e inorgánica, por ejemplo las plantas y las piedras, posee una complejísima estructura de imágenes visibles e invisibles. La búsqueda científica de esta complejidad se prolonga hasta el punto de parecer inexplora-

because at that time architects' tastes ran to the neoclassical, allowing us to put forward a counterculture. Latterly, we started to have misgivings about a "new modern tradition". We came to understand that the images we were using were useful in helping us to get the project started, they gave us the initial confidence to begin. But we realised that the resulting architecture tended to abandon these images, to ditch them; that the project was engaged in the creation of a new reality which ran the risk of becoming banal if it remained tied to those images, the images of our perception of the world. The architecture which has emerged from this process –perceptive in its beginnings– declines to set up direct analogies with the visible world; it has no respect for them, and certainly no admiration for them.

Our architecture is governed by our perception of the world, but it does not oblige the observer to take on our perspective in order for it to be comprenhensible.

JLM: Your most recent work seems to me to operate –perhaps as an ultimate and active expression of some postromantic pantheism– on the basis of a certain radical movement towards the natural. The natural understood in terms of the logic of geology, or nature seen as the ultimate truth –perhaps nostalgically– on which to set the foundations of the project.

We have remarked at times on how your competition project for housing in Basle was seen as being close to the sculpture of Louisiana by Cucchi, the work seeking expression as the solidification of the molten magma which, according to Democritus, moves bubbling and boiling under the earth's crust. Your warehouses in Basle, too, spring from a geographical metaphor: the traffic routes are like the current of a river, while the storehouses are like islands resisting the flow...

It is as if you were trying to find firm points of support in essential relationships between non-visible elements that would nevertheless be capable of providing the sensible world with validity and stability.

JH: The scientist creates models, such as atomic theory, for example, for the purpose of recognising or discovering the reality of nature in order to classify it and describe it. In the same way, we make use of architecture as an instrument by means of which to apprehend the reality of the city; in other words, to understand something, to see that something in a context which determines a meaning, and, ultimately, to create that context. For us, the interest of this comparison lies in the fact that scientific research

ble. ¿Y el objeto artificial, por ejemplo, la nevera, la casa de enfrente, la escultura exhibida en la galería de arte, la silla en que te sientas? Piensa en la piedra que sirvió para hacer la fachada de la casa o para esculpir la estatua; cuando formaba parte de la roca o de la cantera no era preciso otorgarle un sentido, no esperaba nada, no nos molestaba, ¡todo lo contrario! Pero, ¿y ahora? Rota, tallada y habiéndosele dado una forma, pide que se la mire y, en la mayoría de los casos, la vemos deteriorada respecto a su estado natural.

Lejos de mi intención está extender la idea a todos los objetos (casas, útiles, imágenes) comprendidos en una civilización arcaica, ni tampoco a las mejores obras de arte que han transformado la materia empleada, que suman un valor espiritual a la piedra sacada de su estado natural. Mirando la estructura molecular de la materia descubrimos que no son los átomos sino la relación entre los mismos, su energía, lo que define la especificidad de cada elemento o sustancia. Lo mismo ocurre con el arte y con la arquitectura. La materia que usamos para uno y otra carece de valor por sí sola, está muerta. El valor que podamos darle está entre los diferentes aspectos y partes de la obra, en la complejidad y conceptualidad que reúne, que acumula, por decirlo de algún modo, la materia usada en la obra. Y de nuevo aparece en nuestro diálogo la tradición. A la arquitectura tradicional le cupo en otro tiempo congregar diversas facetas de la construcción, de las imágenes, de los materiales, etc., pero como ya no existe es preciso sustituir el vacío dejado entre los diferentes aspectos con otra clase de energía, con la energía del pensamiento, de la reflexión del arquitecto, del artista y del científico, así como con la energía perceptiva del observador. Si buscas en nuestro trabajo panteísmo o naturalismo, por ejemplo en los proyectos del depósito o del Schwarzpark, lo verás descrito sólo en el marco estructural del nivel que nos interesa, nunca en el desnivel analógico ni figurativo.

explores reality and finds images there which are no less real for being invisible; it finds images of matter which are invisible and real: images of our world. What interests us is the relationship which exists between the visible and invisible images of this world; the invisible image interests us because it makes it possible to capture the visible image in its capacity as process, or rather, in its quality as a fragment of a whole (a unity). Every natural object, all organic and inorganic matter, such as plants and stones, possesses a highly complex structure of visible and invisible images. The scientific pursuit of this complexity extends to the point where it is seemingly unexplorable. And what of the artificial object: the fridge, for instance, or the house across the street, or the sculpture on show in the art gallery, or the chair you're sitting on? Think of the stone which was used to form the facade of that house or sculpt that statue; when it formed part of the rock or the quarry there was no need to accord it a meaning, it expected nothing, it didn't disturb us –quite the opposite. And now? Broken, cut, and having been given form, it asks to be looked at; and, in the majority of cases, we see it as being degraded with respect to its natural state.

Of course, I have no intention of extending the idea to all of the objects –houses, tools, images– to be found in an archaic civilisation; or to the best works of art, which have transformed the material they employ, adding a spiritual value to the stone hewn from its natural state. When we look at the molecular structure of matter we find that it is not the atoms themselves but the relationships between them, their energy, which defines the specific quality of each element or substance. The same thing occurs in art and in architecture. The material we use in the one and the other has no value in itself, it is dead. The value which we might give it lies in and between the different aspects and parts of the work, in the complexity and the conceptual character which the material used in the work gathers together, or accumulates, we might say. And once again tradition enters into our dialogue here. It was at one time possible for traditional architecture to bring together the various different facets of the construction, the images, the materials, and so on, but as this now no longer exists it is necessary to fill the emptiness left between these different aspects with another kind of energy, the energy of thought, of the reflections of the architect, the artist and the scientist, and, equally, with the perceptual energy of the observer. If you are looking for pantheism or naturalism in our work, for instance in the projects for the warehouse or for the Schwarzpark, you will find it, fut only on the structural level which interests us, but never on an analogical or figurative level.

Proyecto para la avinguda Diagonal, Barcelona. Boceto. Nueva estación depuradora y conjunto de depósitos. Proyectado en colaboración entre Herzog & de Meuron y Meili & Peter

Project for avenue Diagonal, Barcelona. Sketch. A new water purification plant and group of treatment tanks. Designed in collaboration between Herzog & de Meuron and Meili & Peter

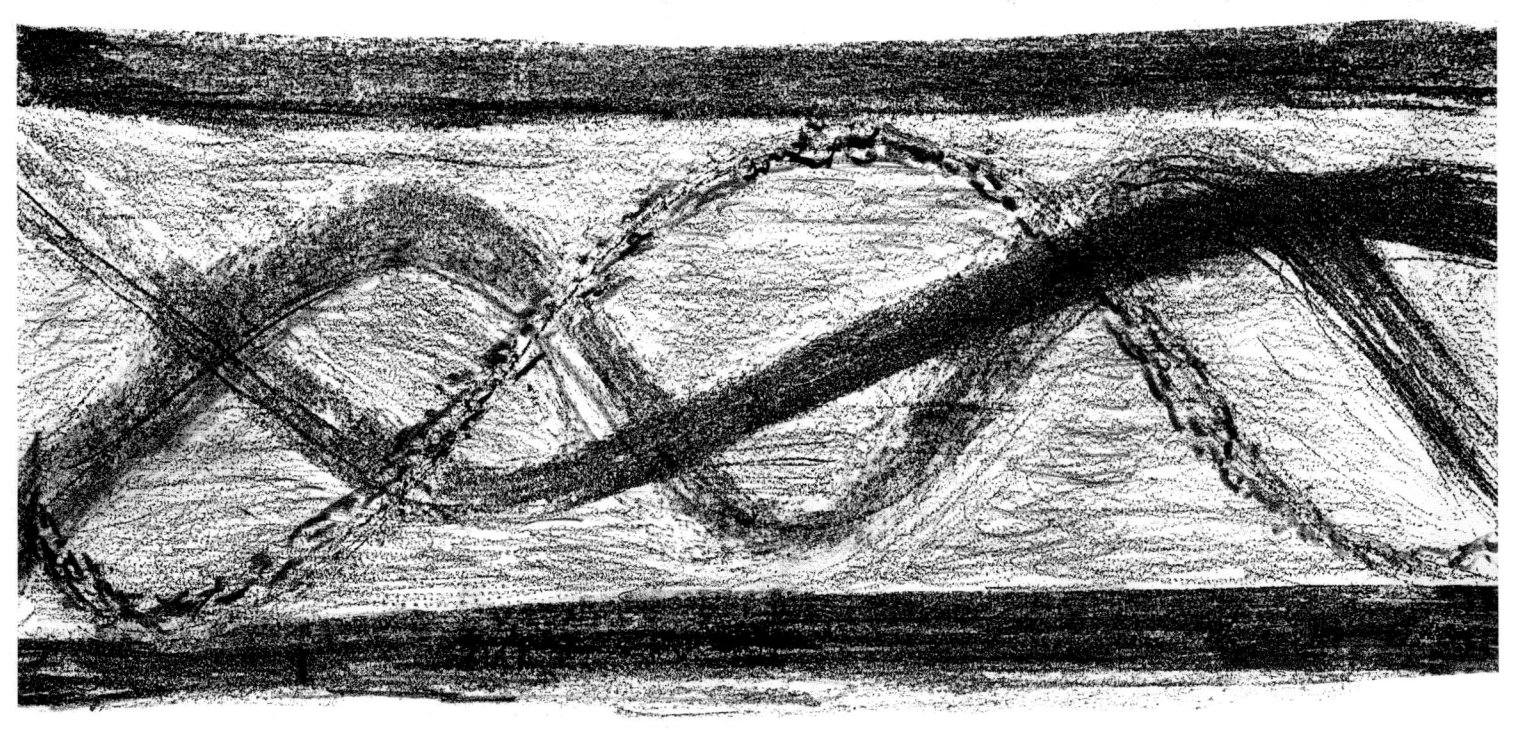

1979-1982

Piscinas cubiertas y al aire libre a orillas del Muhleteich en Reihen

Concurso: 1979 y 1981
Realización proyectada para 1982
Presupuesto retirado por votación pública en 1983

El conjunto entero consiste sencillamente en una larga fila de cabañas para vestuario y una abovedada estructura revestida de aluminio, la cubierta curvada que abriga la piscina interior. La zona delante de ésta, con forma de arcada, está prevista para descansar y tomar el sol; las piscinas al aire libre se encuentran entre esta zona y los campos que se extienden sobre el paisaje circundante.

Open air and indoor swimming pools by the Muhleteich in Reihen

Competition: 1979 and 1981
Construction scheduled for 1982
Funding withdrawn by public decision in 1983

The entire complex consists simply of a long row of plywood-clad changing cabins and a hangar-like structure clad in aluminium, its curving roof covering the indoor swimming pool. The area in front of this, in the form of a loggia, is intended to be used for sunbathing; the open air pools are situated between this relaxation area and the fields which fan out across the surrounding countryside.

Alzado, secciones y vista interior de la maqueta

Elevation, sections and interior view of the model

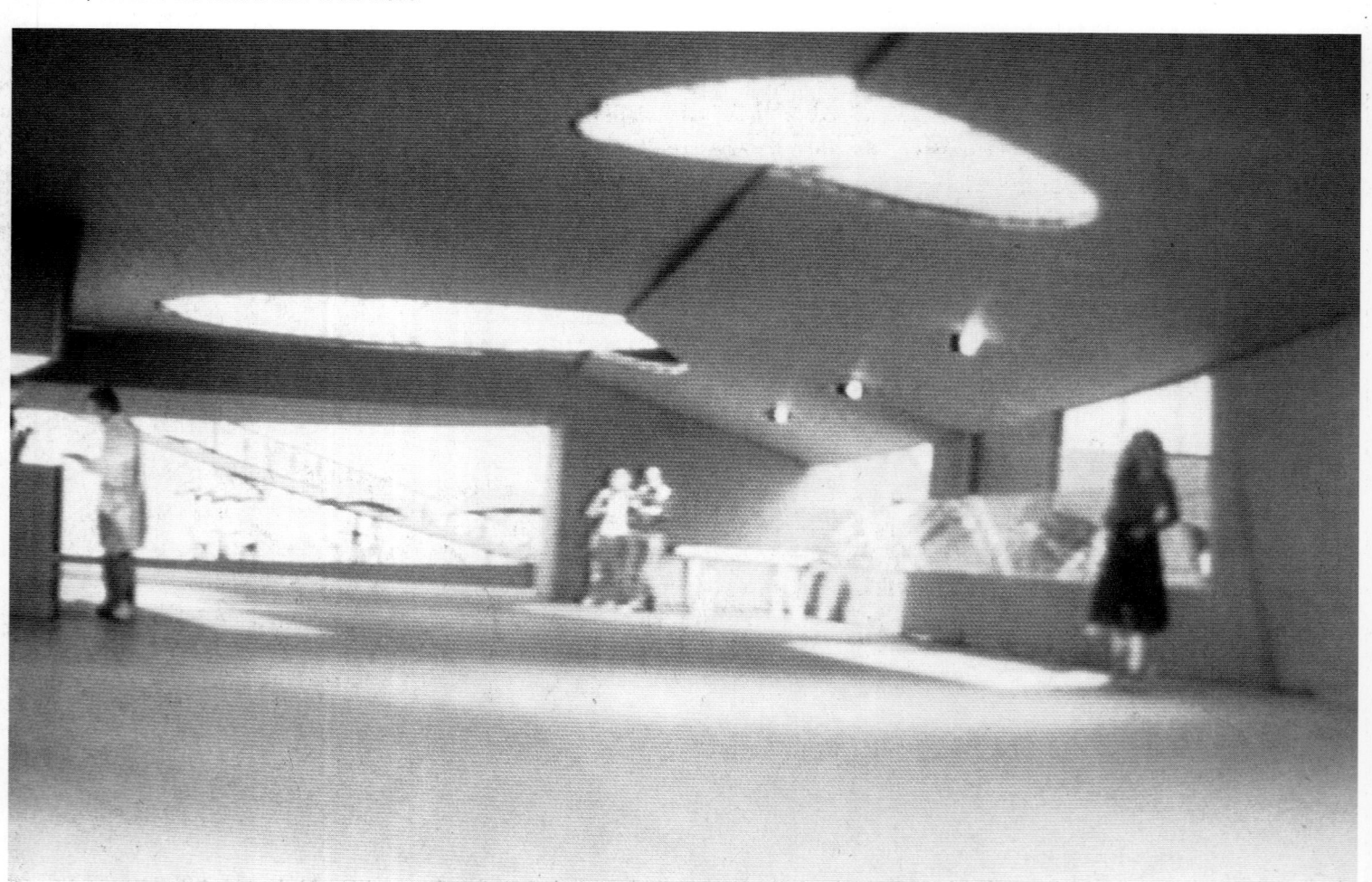

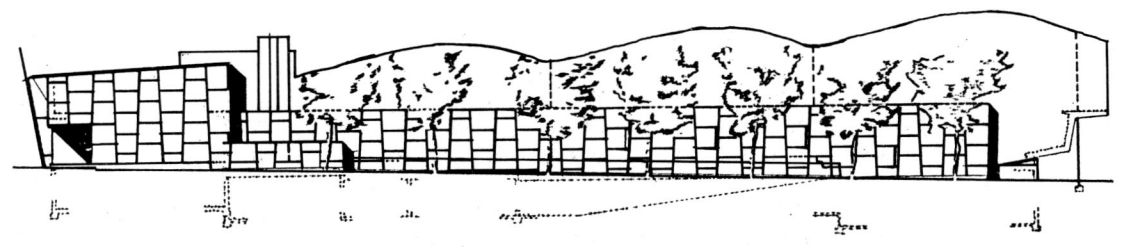
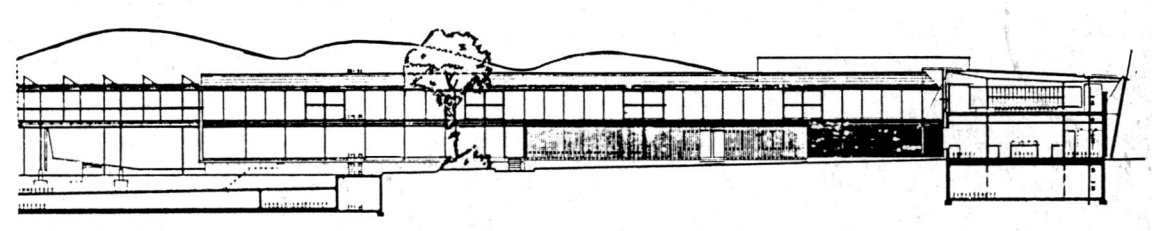
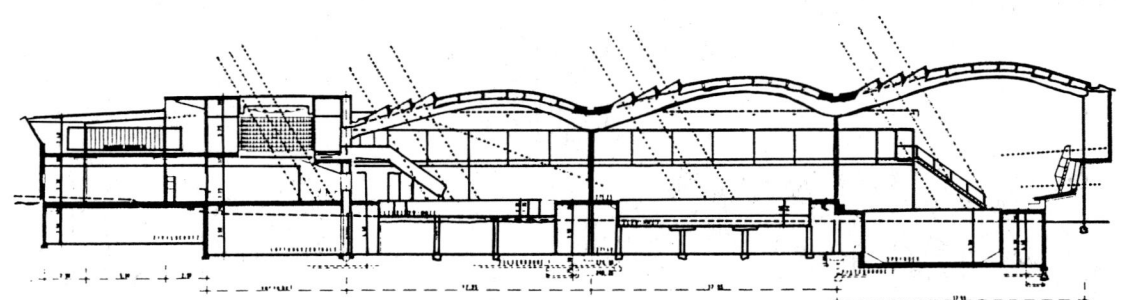

Plantas

Floor plans

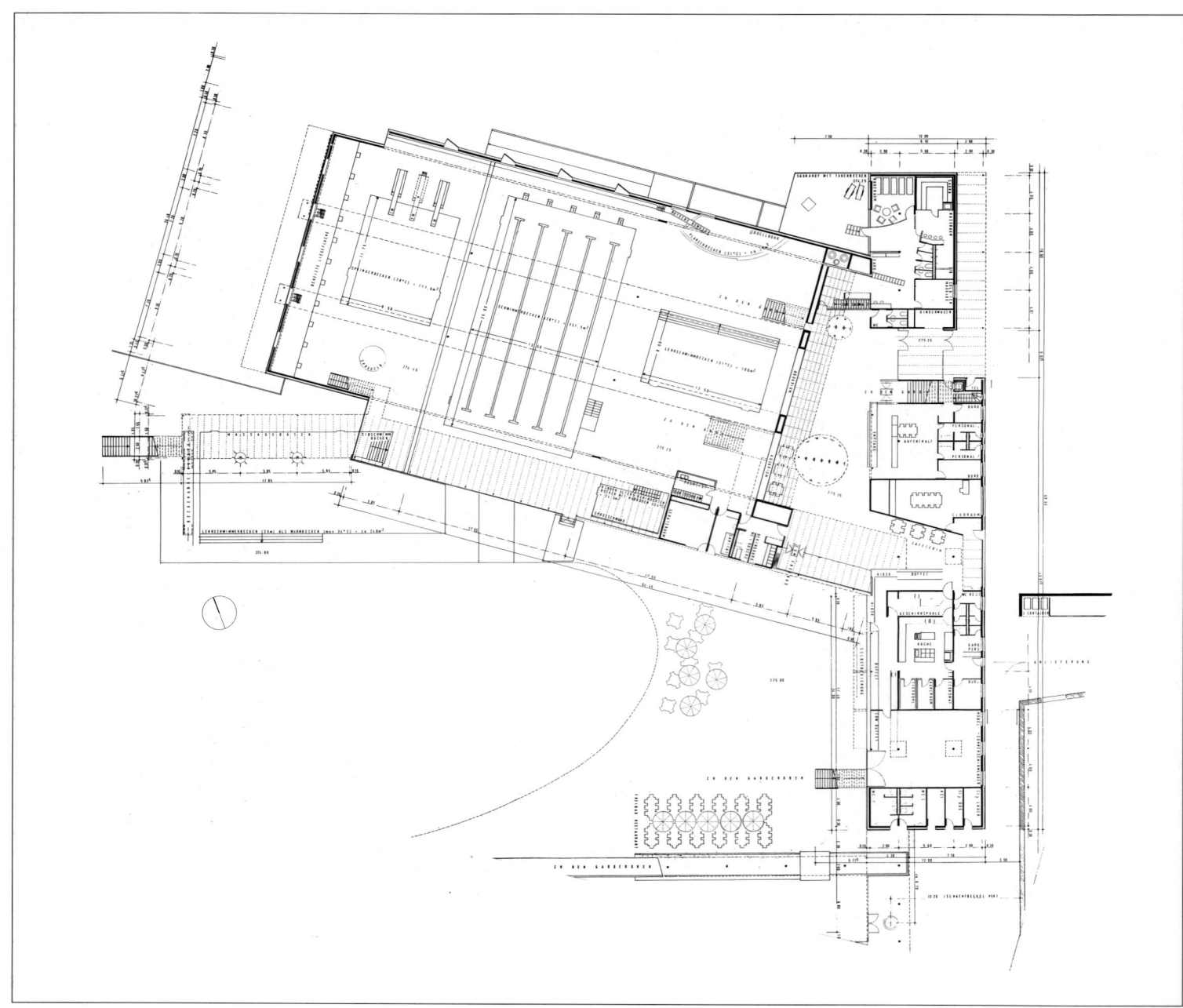

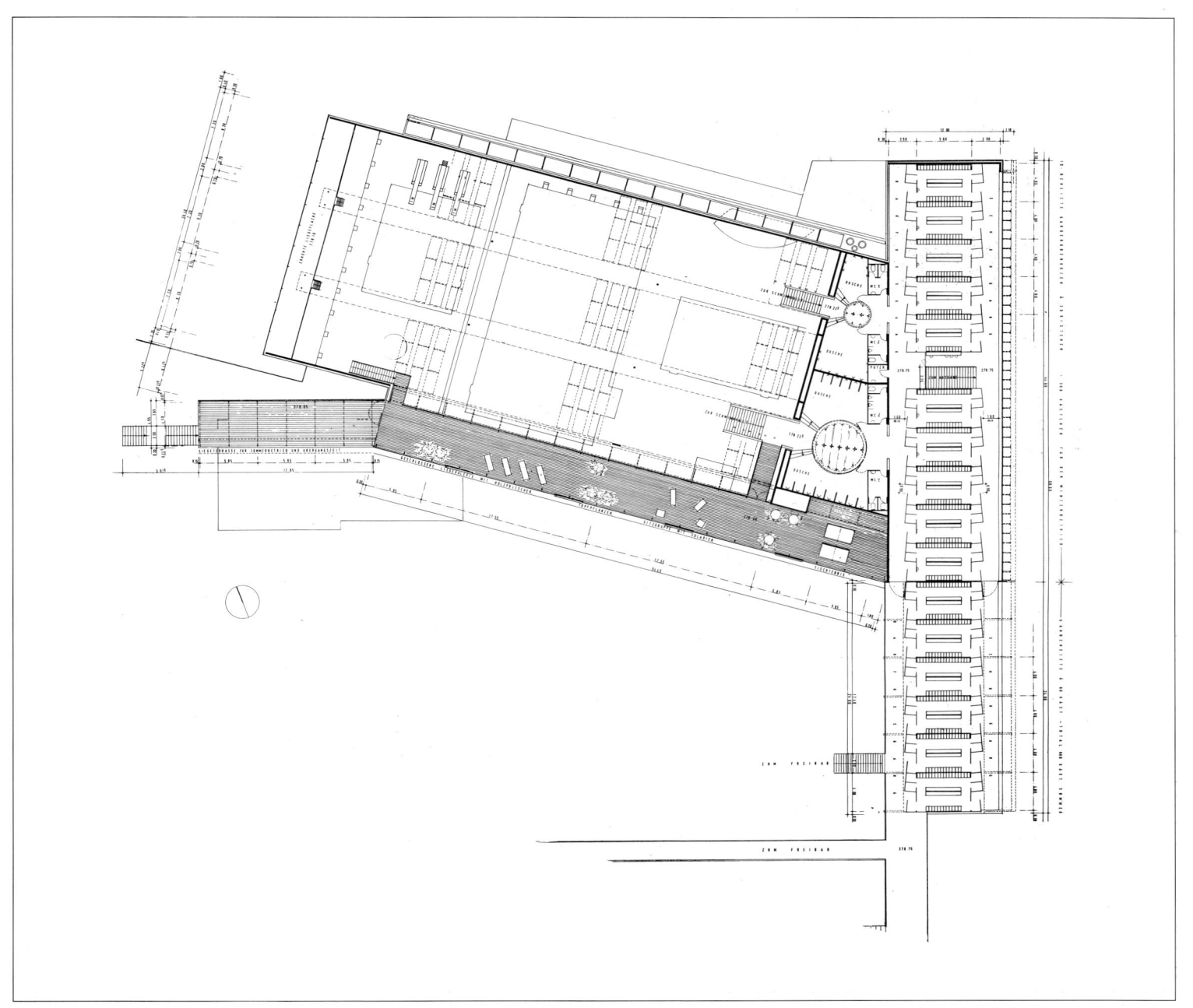

1981-1982

Estudio fotográfico Frei en Riedlistrasse 41, Weil-Fischingen (RFA)

Junto con una casa preexistente, este estudio enmarca un patio de grava y hierba y un grupo de abedules. El estudio está compuesto de varios elementos distintos, todos ellos de madera, pero con acabados diferentes: pintura, paneles, papel de betún y estaño. Los grandes lucernarios orientados hacia el norte permiten que se pueda trabajar con iluminación natural o artificial

Frei photographic studio in Riedlistrasse 41, Weil-Fischingen (FRG)

The photographic studio, together with an existing villa, frames a courtyard of gravel and grass which includes a group of birch trees. The studio is composed of several different elements, all of which are constructed of wood, but with contrasting treatments and finishes: painted wood, plywood, tar paper and tin. The large, north-facing skylights allow the option of working by natural or by artificial light.

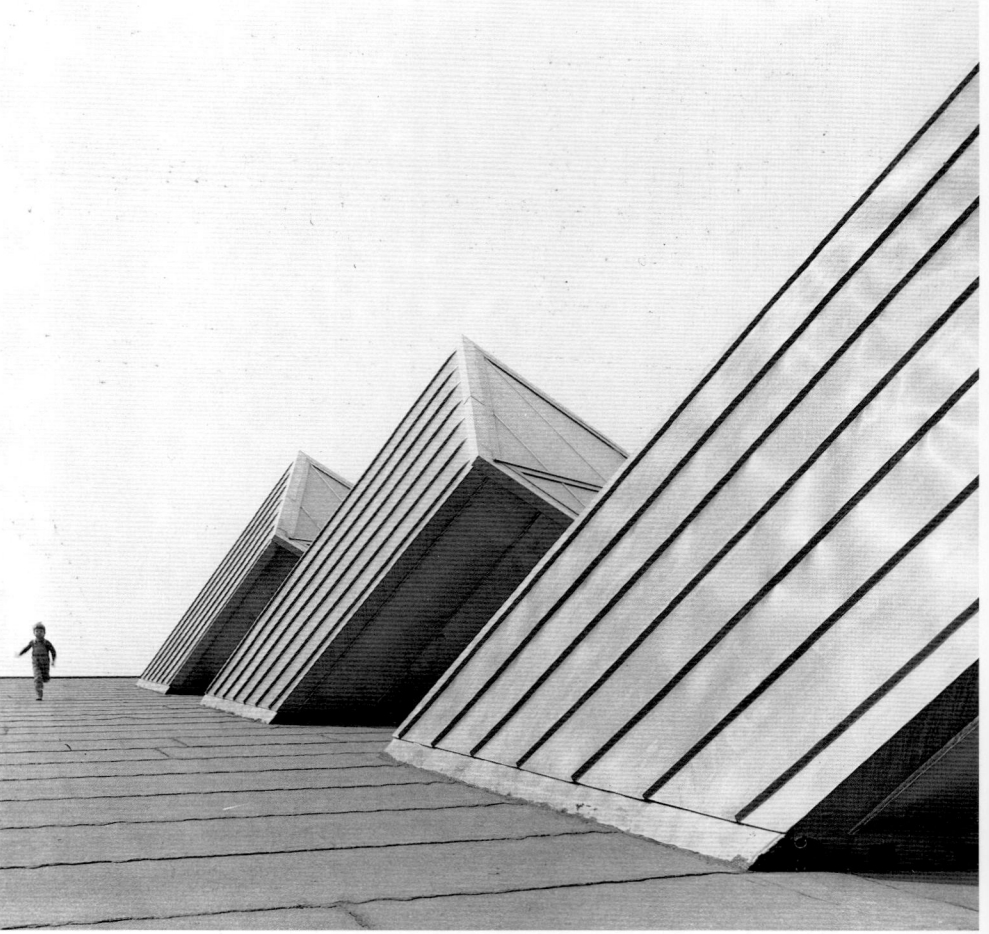

Planta y detalle de la cubierta

Plan and details of the roof

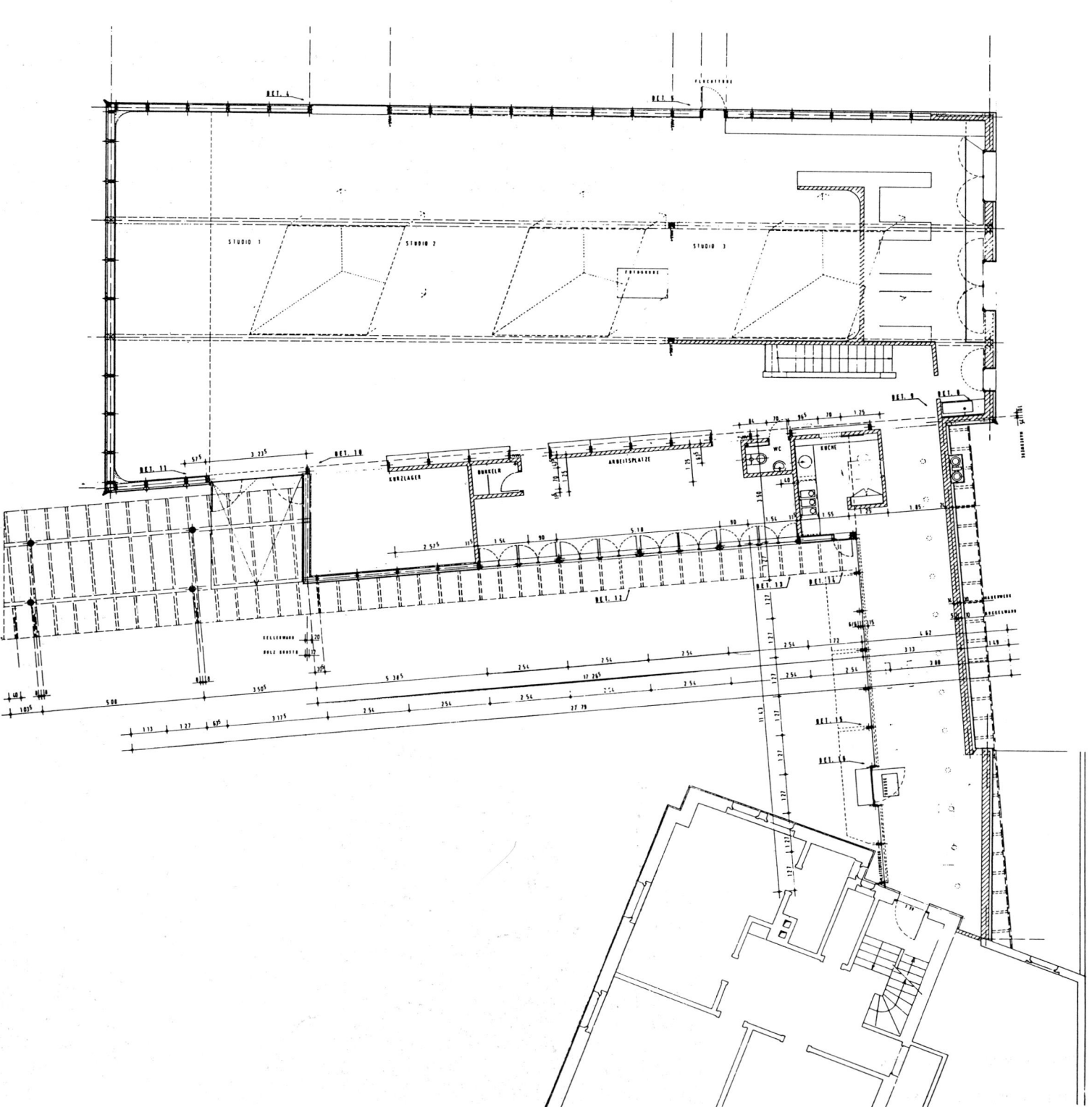

Vista del exterior e interior

View of the exterior and interior

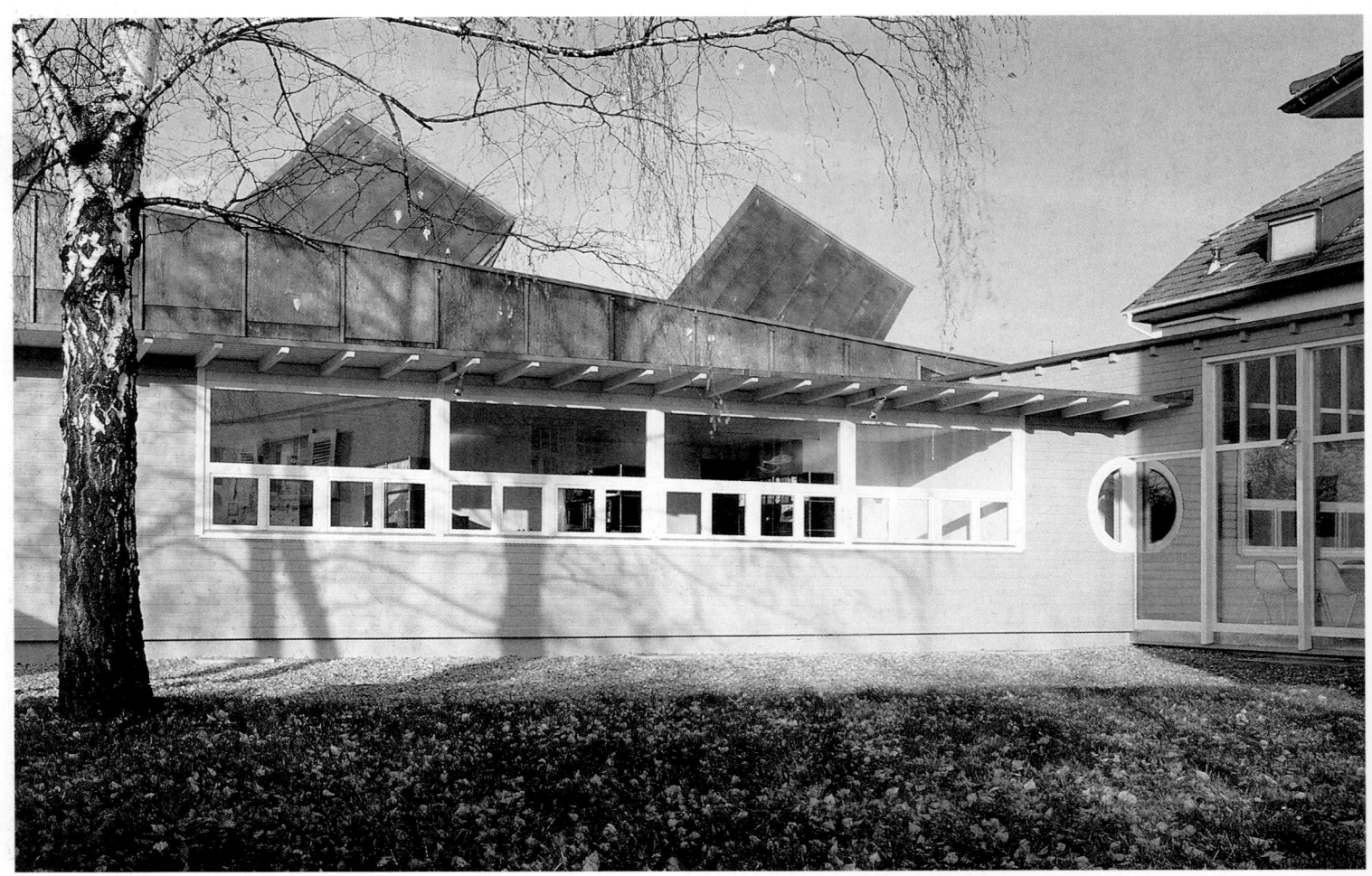

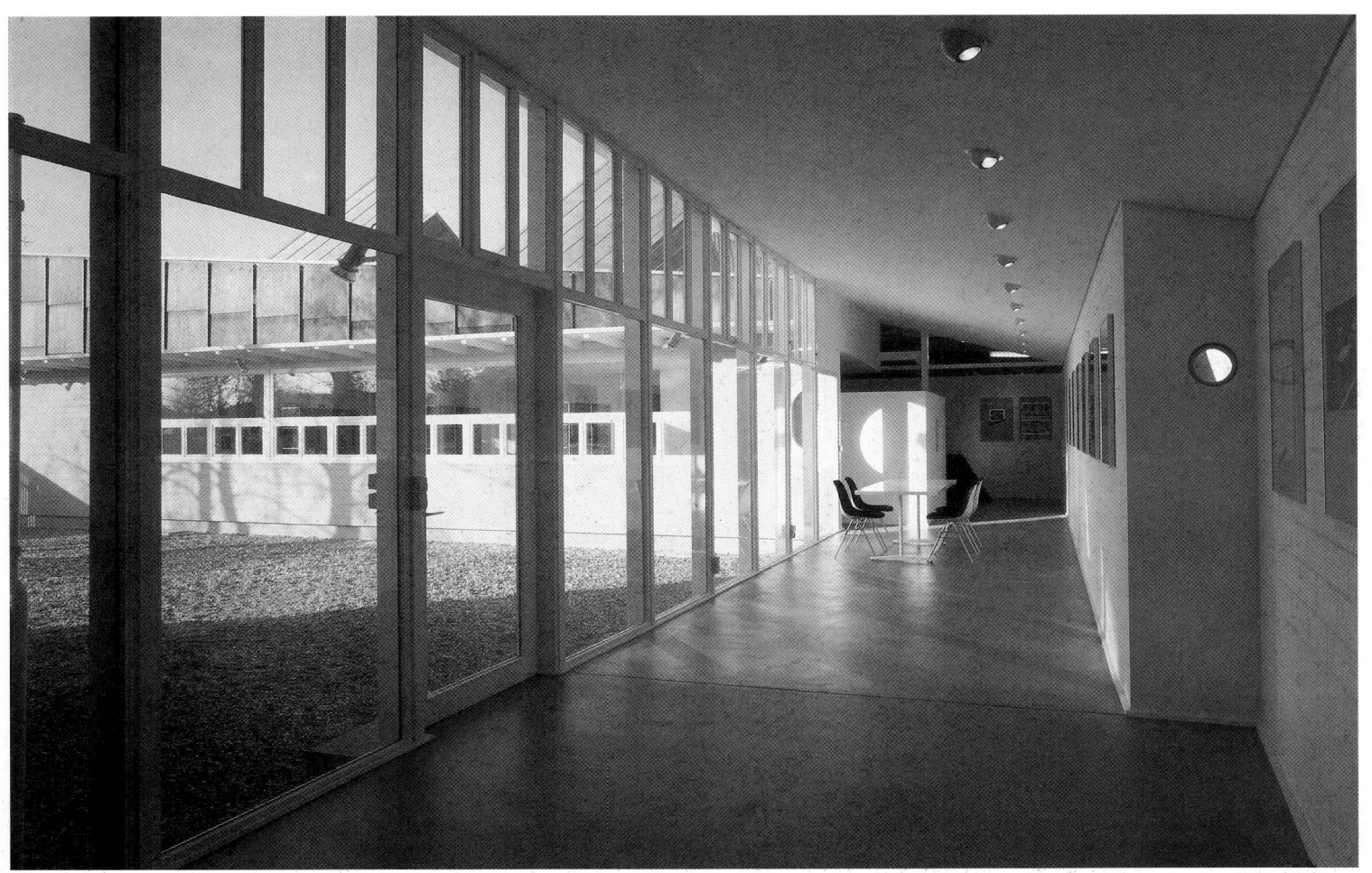

Alzado, secciones y vista exterior

Elevation, sections and exterior view

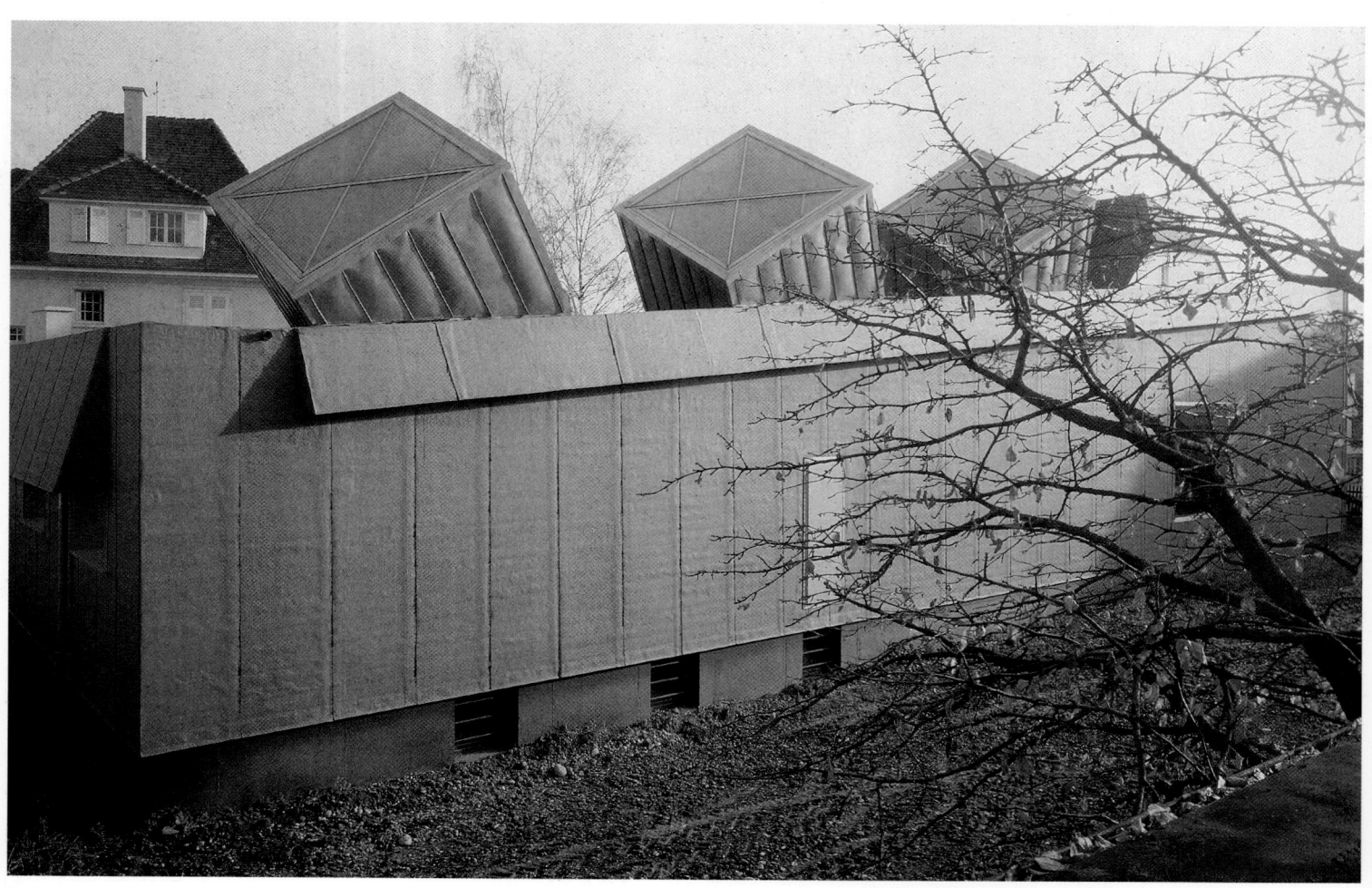

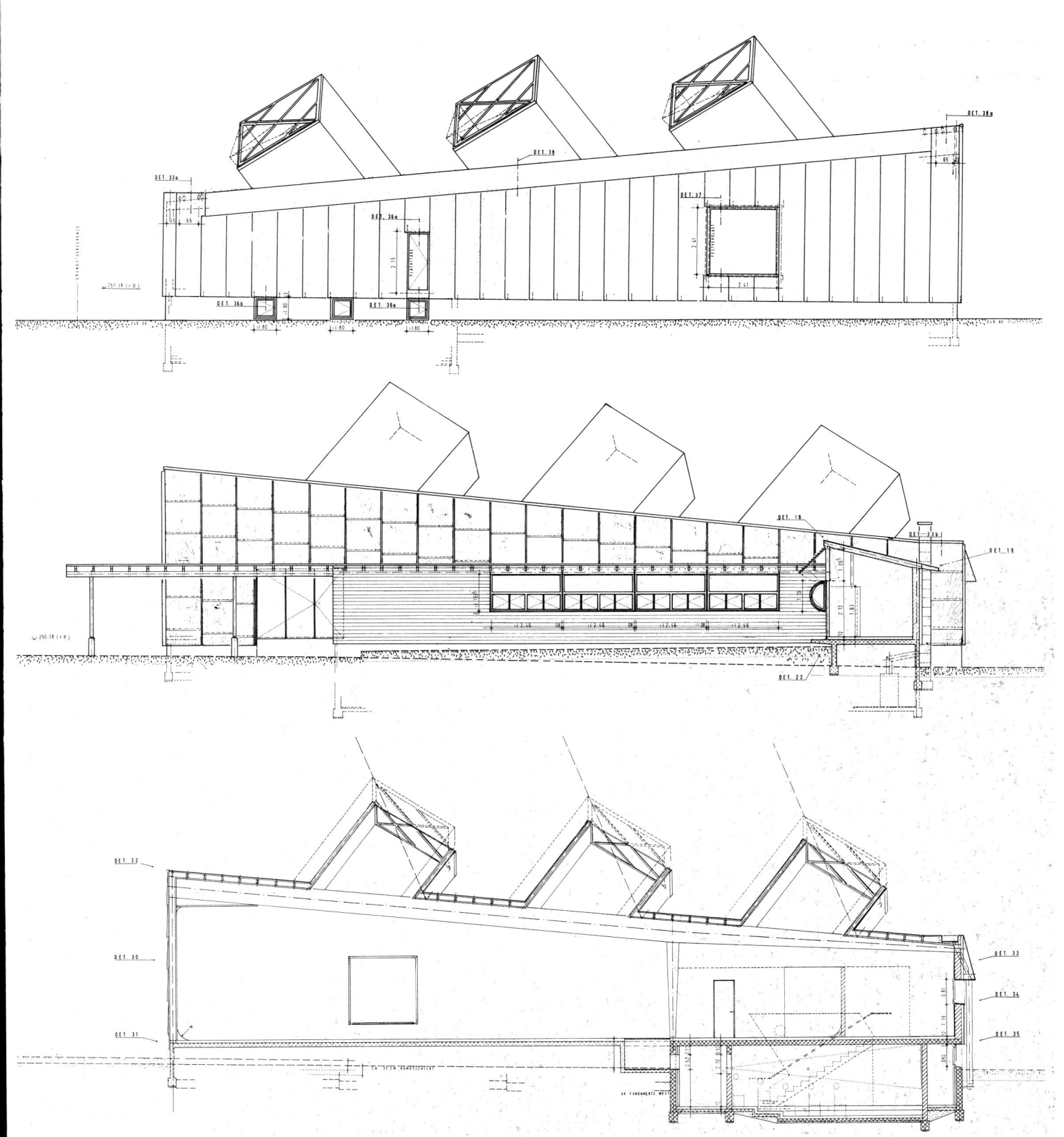

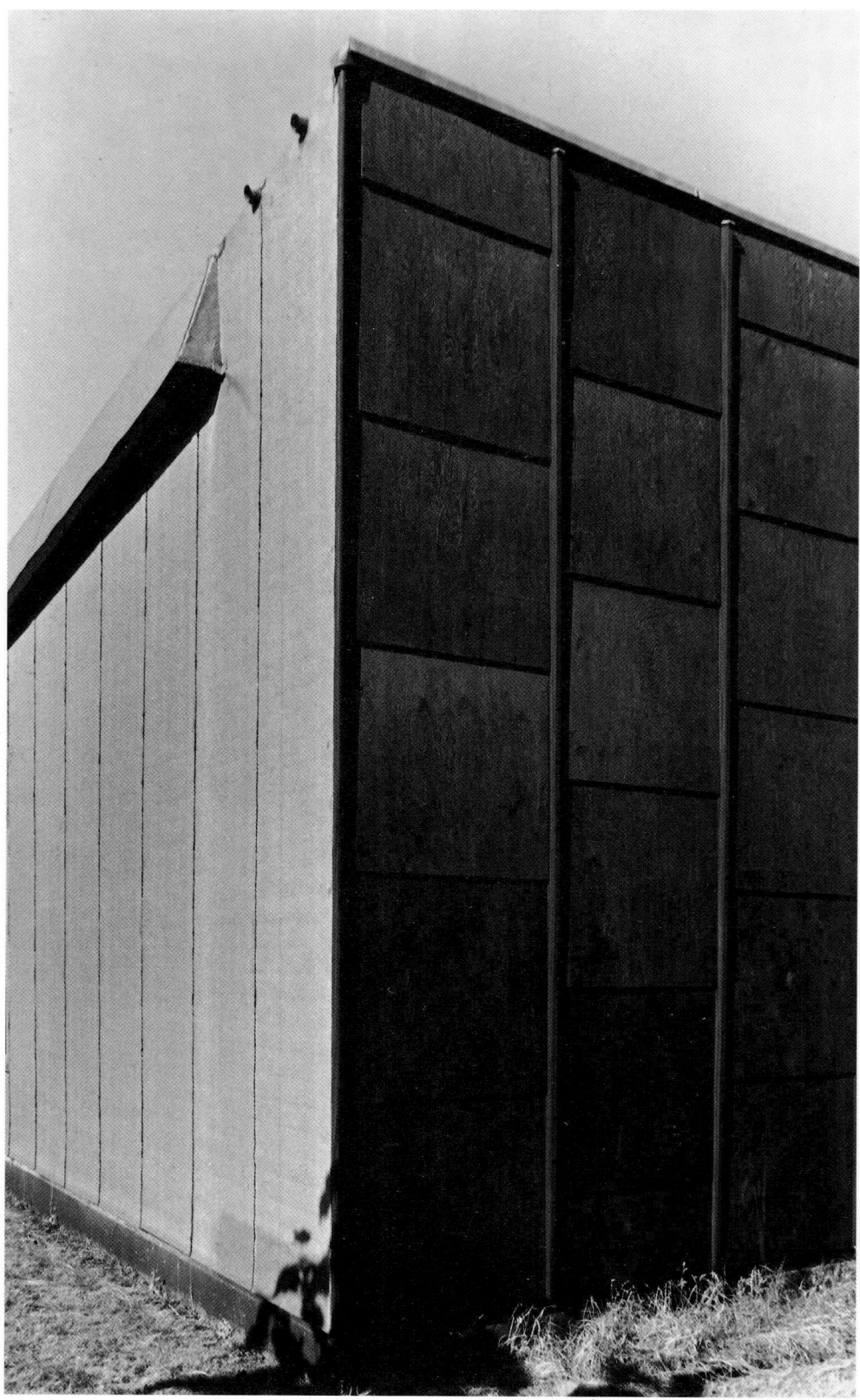

Detalle de la esquina y planta constructiva
Detail of the corner and the construction plan

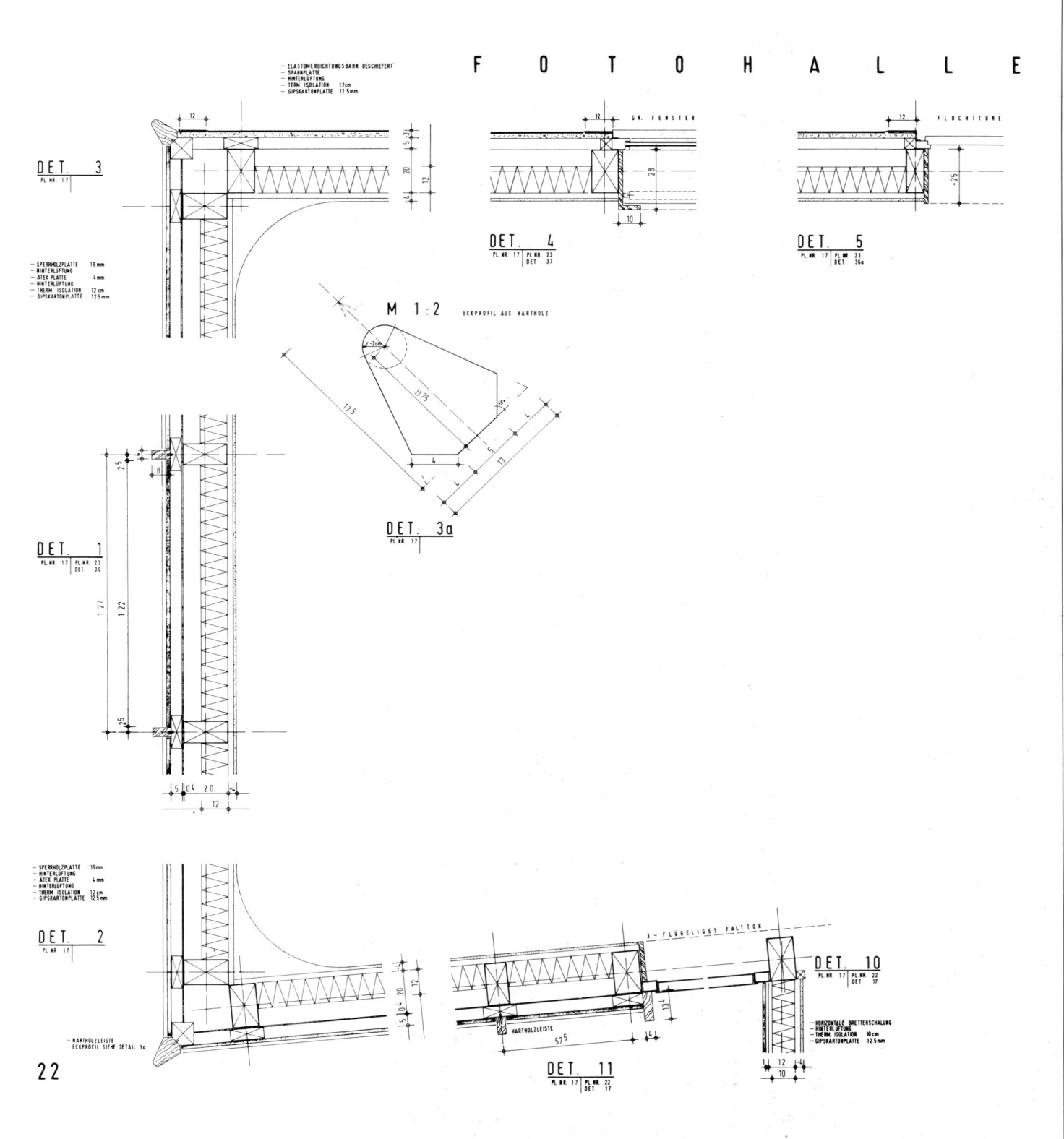

1982-1988

Casa de piedra, Tavole, Liguria (Italia)

Stone house, Tavole, Liguria (Italy)

La casa está situada en medio de un paisaje accidentado, con terrazas escalonadas para olivos y vides.

La construcción consiste en un esqueleto de hormigón, cerrado en parte con la cruda piedra cretosa característica de la región, y en parte con piedras salvadas de las ruinas de un edificio anterior. Se puede ver la geometría de esta estructura igualmente en la sección y el plano. La cubierta está diseñada para recoger y conducir agua de lluvia del techo hasta el jardín.

The house stands on its own in the midst of a hilly landscape of crumbling stone terraces, originally built for olives and vines.

The construction consists of a concrete framework, filled partially with the rough chalk stones characteristic of the area, and in part with stones from the ruins of the building which previously occupied the site. The geometry of the structure is also apparent in the section and the plan. The roof has been designed to collect rainwater and conduct it down to the garden.

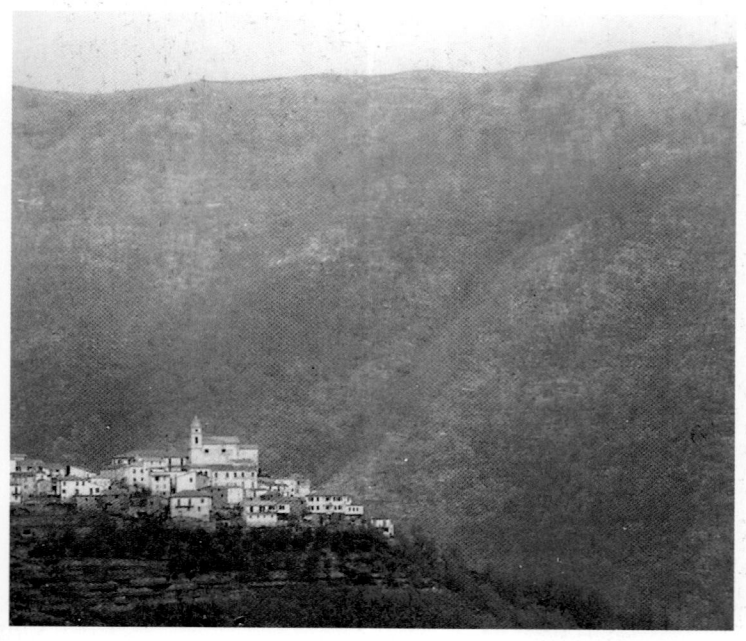
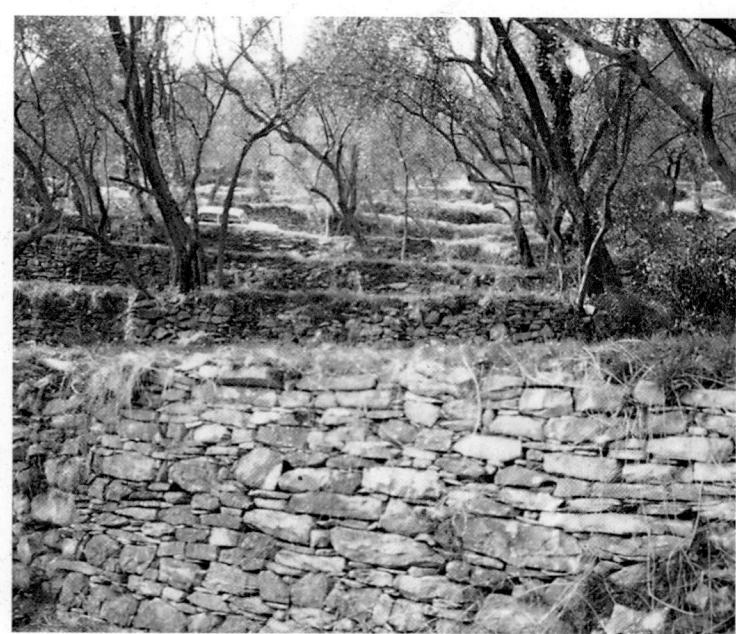

Vistas del lugar y fragmento de la fachada
Views of the site and partial view of the facade

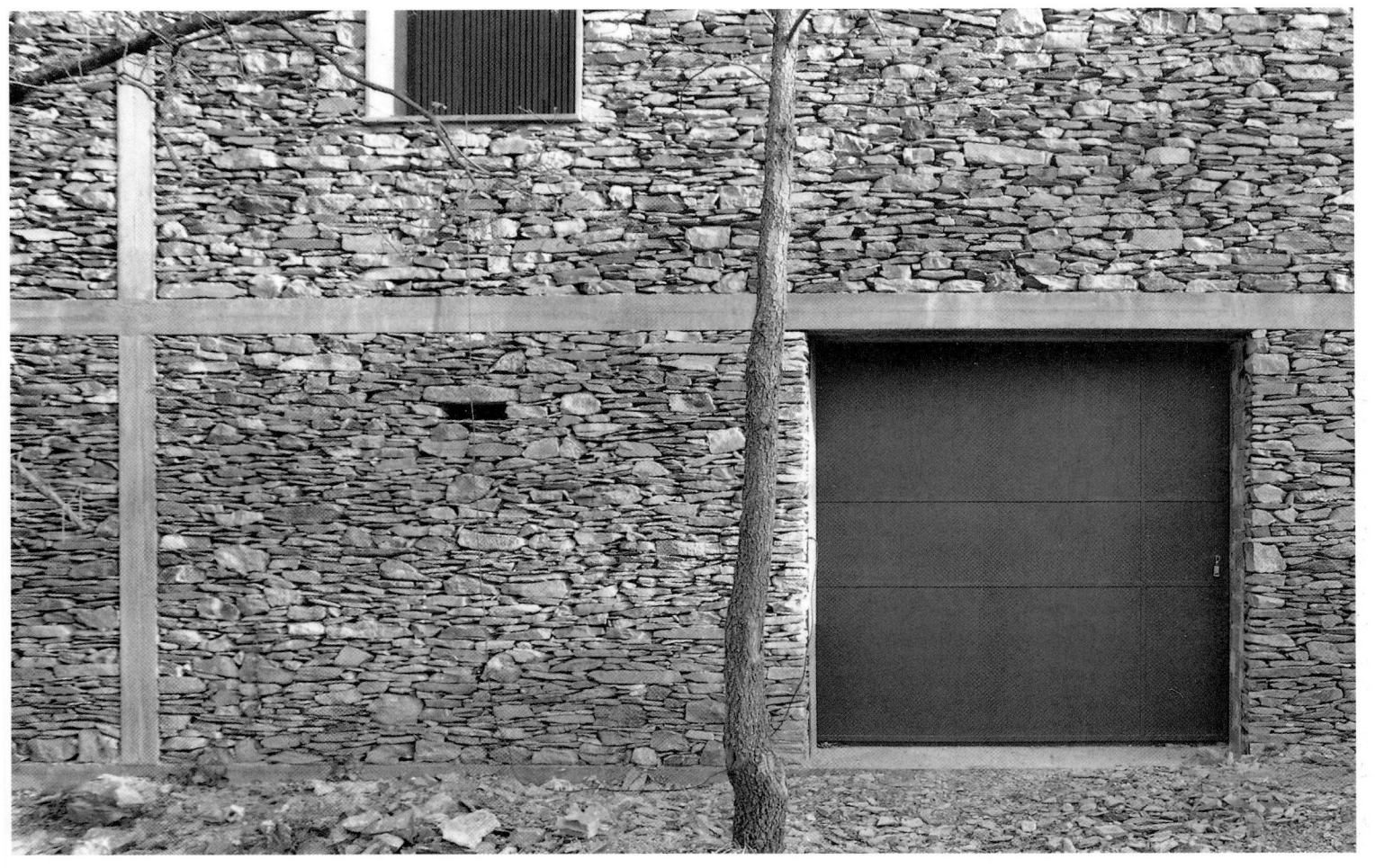

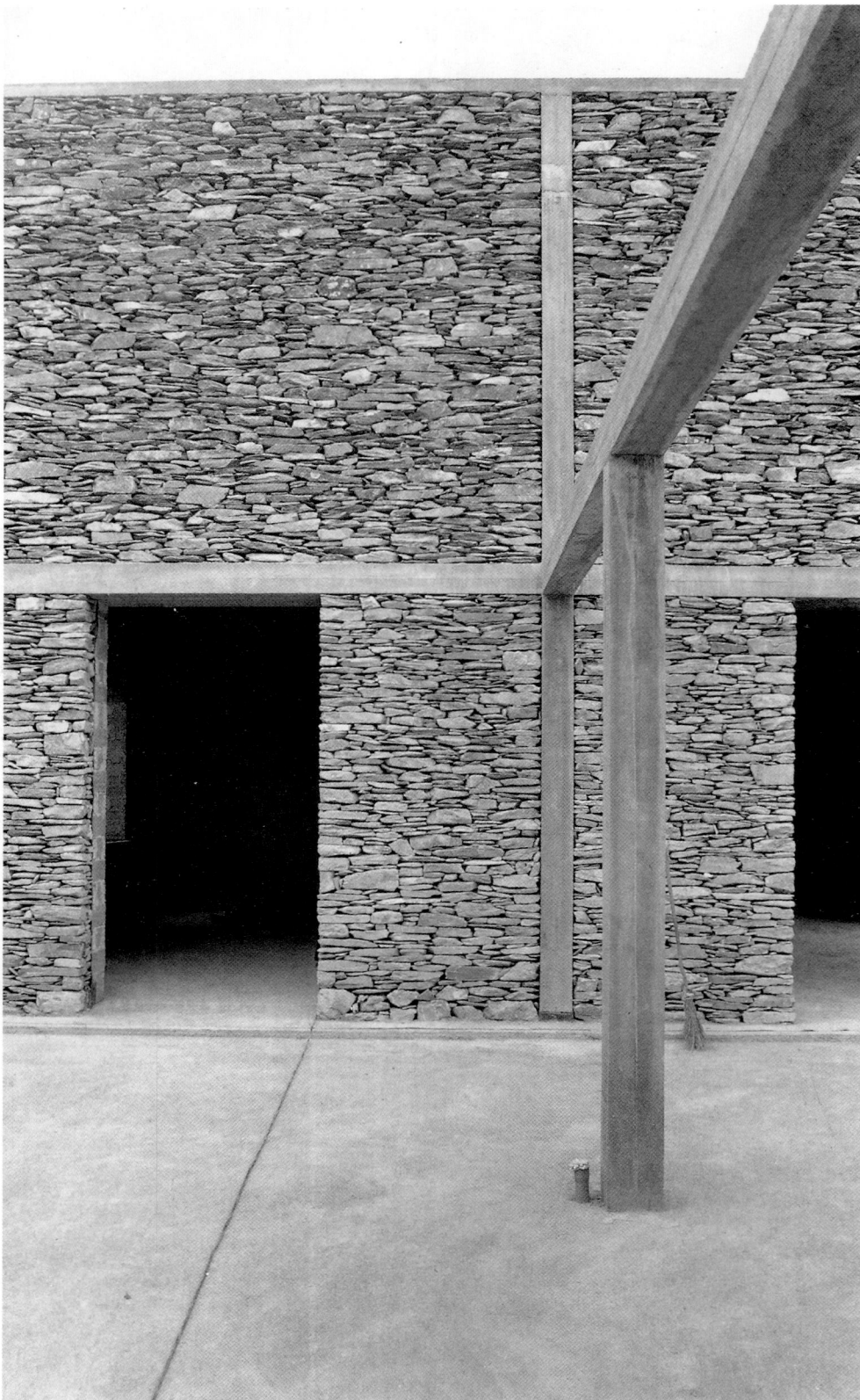

Plantas y fragmento de la fachada
Floor plans and partial view of the facade

Páginas siguientes: alzados
Following pages: elevations

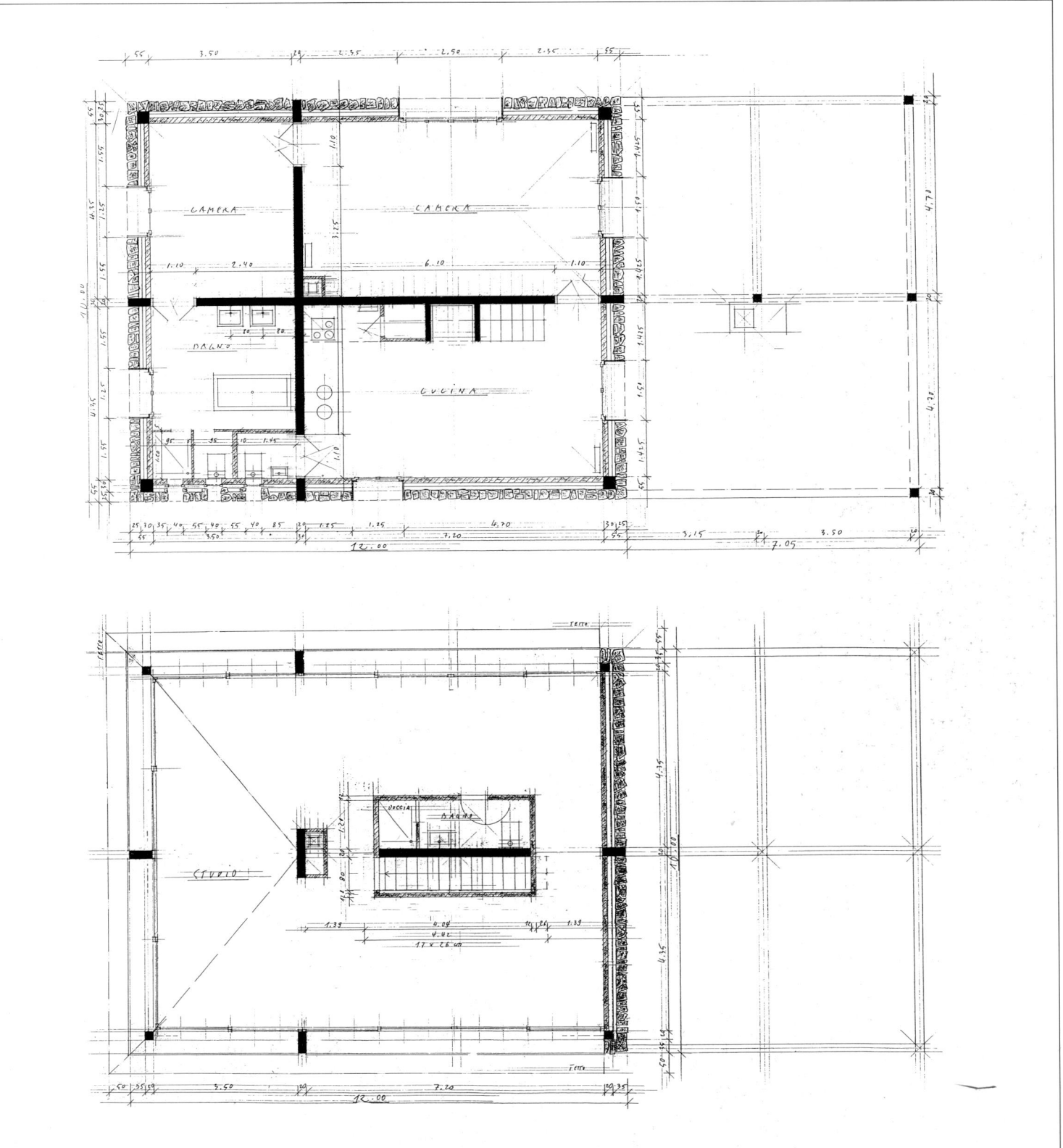

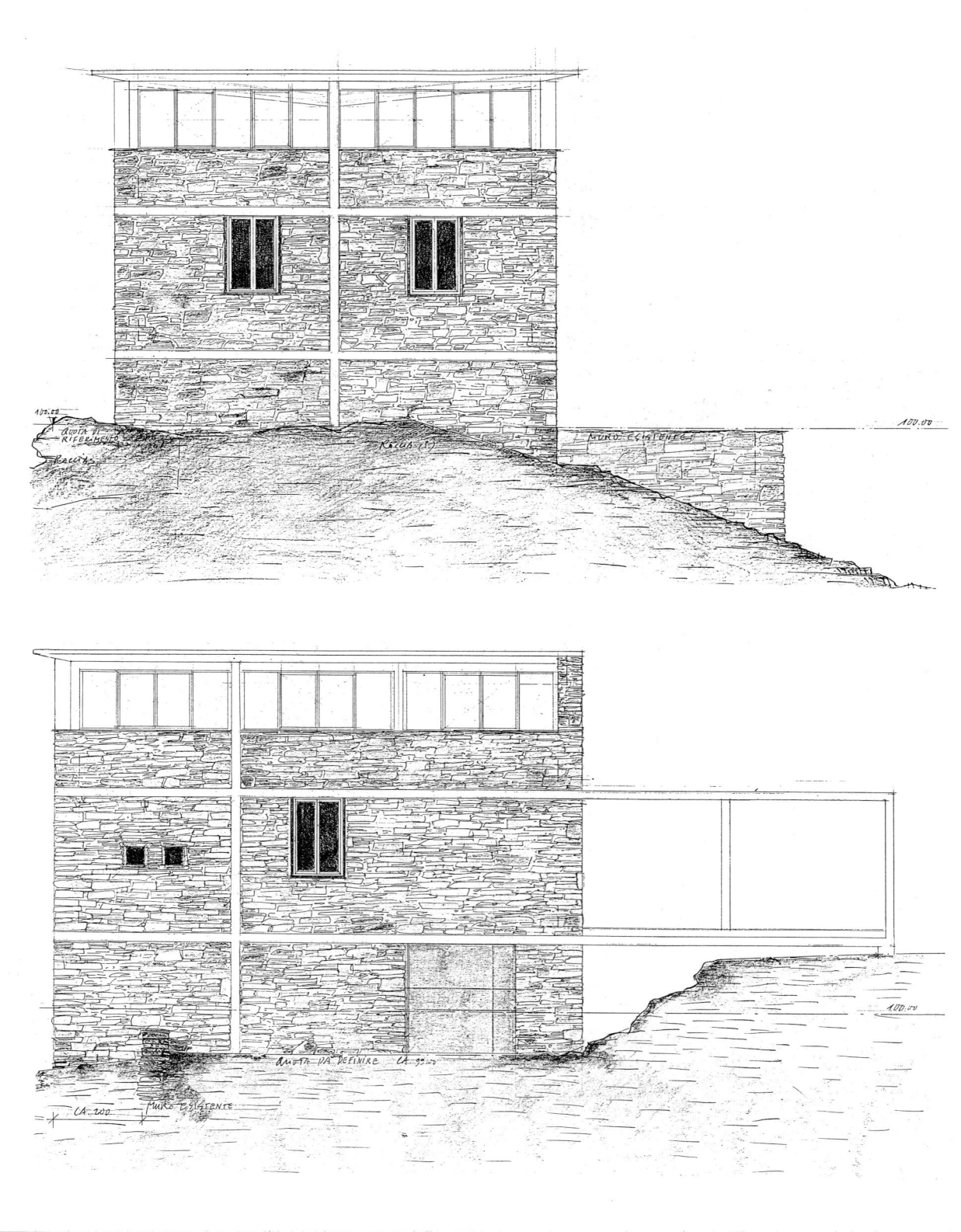

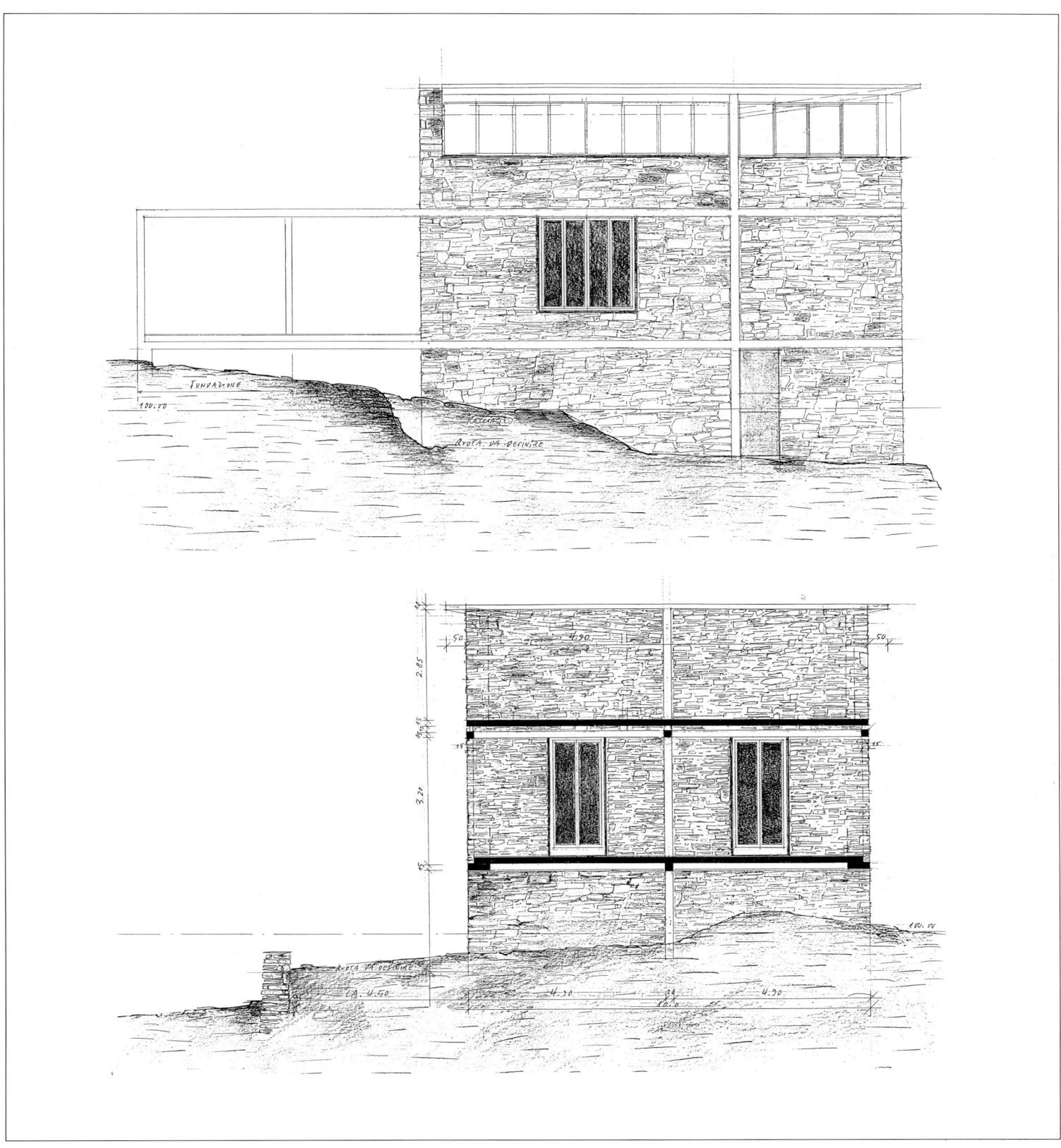

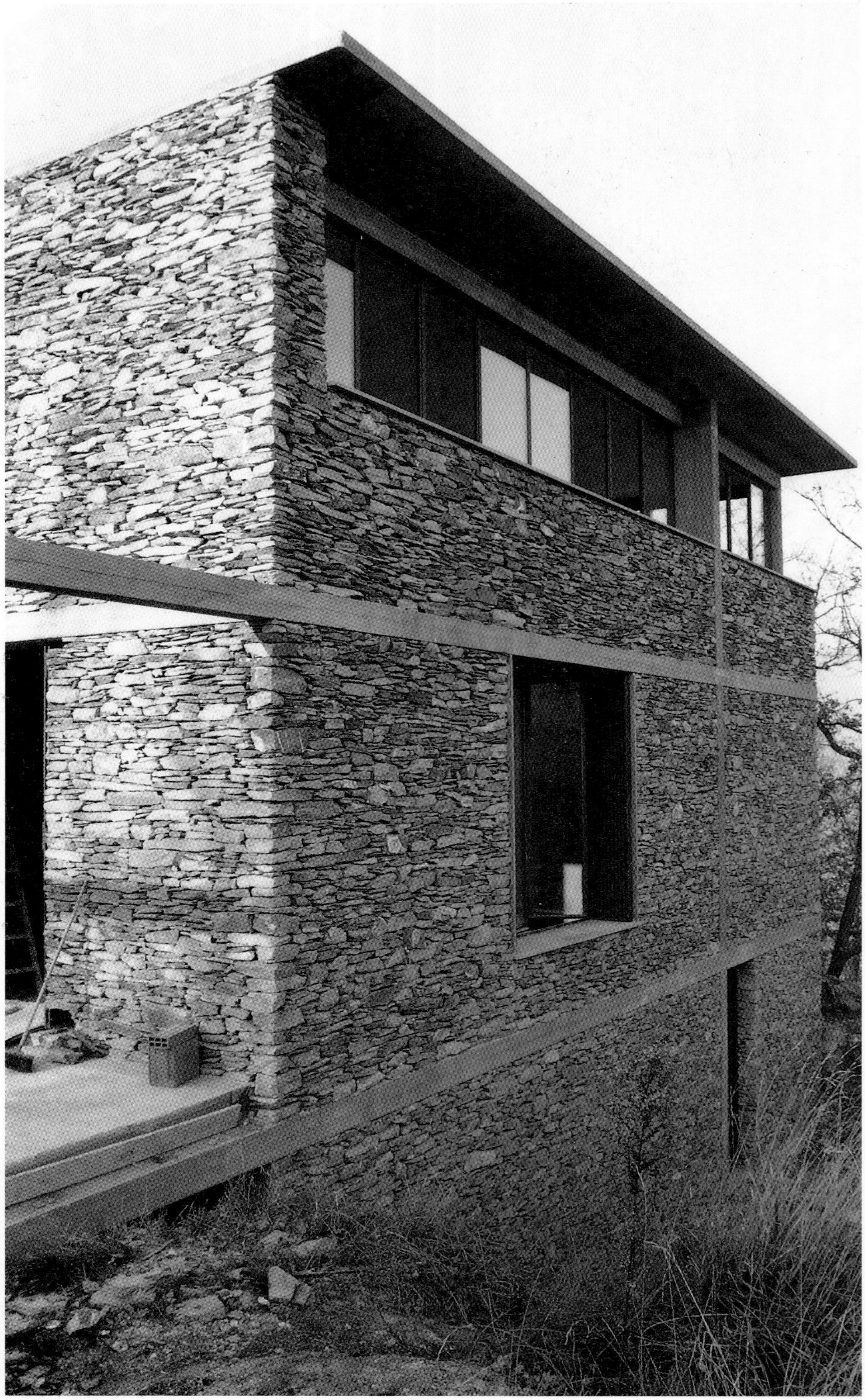

Vista exterior y secciones

Exterior view and sections

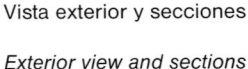

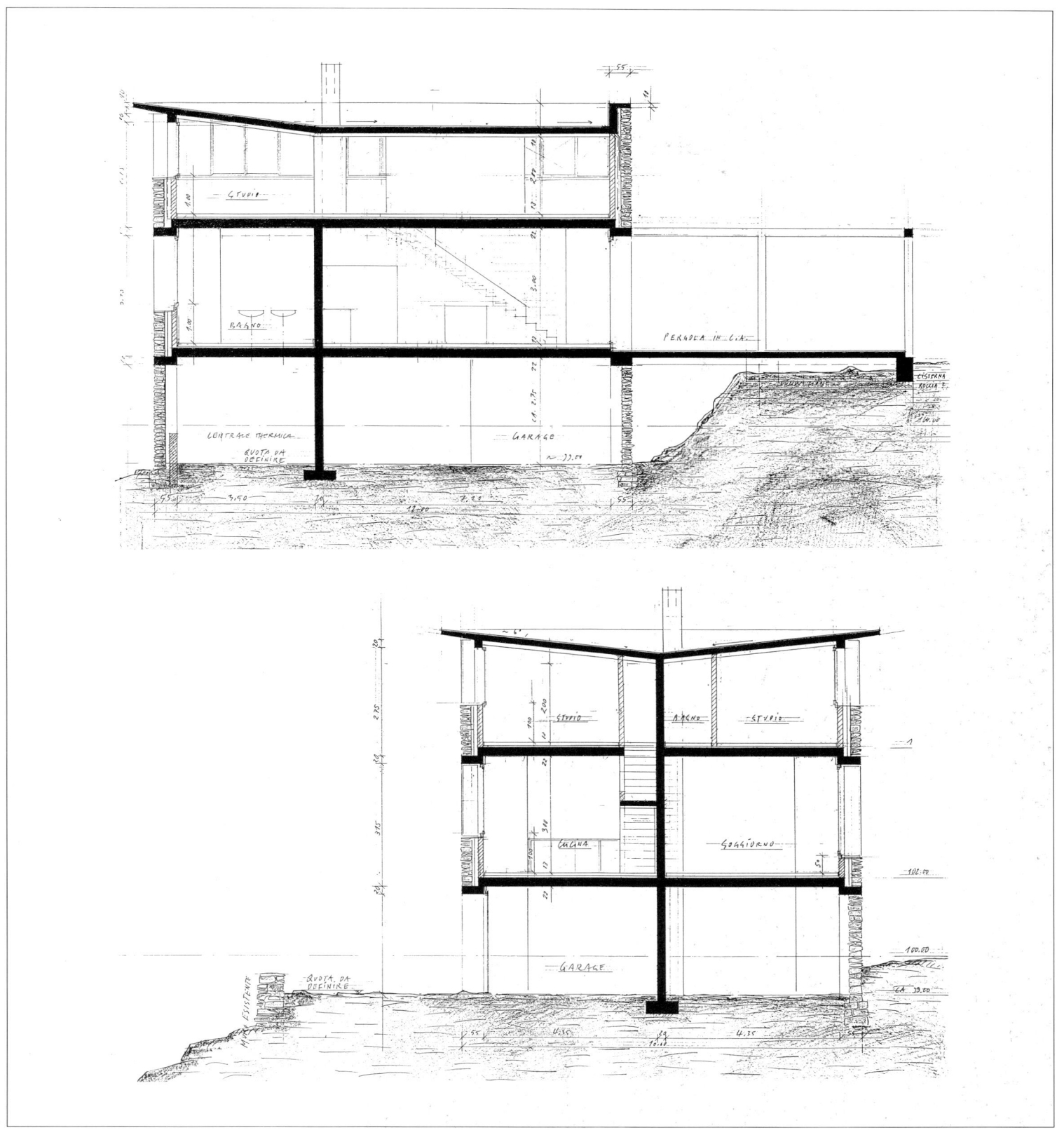

1984

Teatro en Visp

Concurso.

El pentágono irregular del plano del teatro desafía la geometría ortogonal del nuevo ensanche de la antigua ciudad. Este pentágono consiste en un esqueleto de hormigón y paredes tabiques de la cruda piedra local.

El teatro mismo es un espacio único, formado por una construcción de madera colgada del esqueleto de hormigón. El vestíbulo de la planta baja es un volumen cerrado que media entre el exterior y el interior.

Theatre in Visp

Competition.

The irregular pentagon of the theatre's plan is in open defiance of the orthogonal geometry of the new suburbs on the fringe of the old town. The pentagon consists of a concrete framework with free-standing, non-loadbearing walls of rough local stone.

The theatre itself is a single space, composed of a wooden construction suspended from the concrete skeleton. The foyer on the ground floor is an enclosed volume mediating between the exterior and interior.

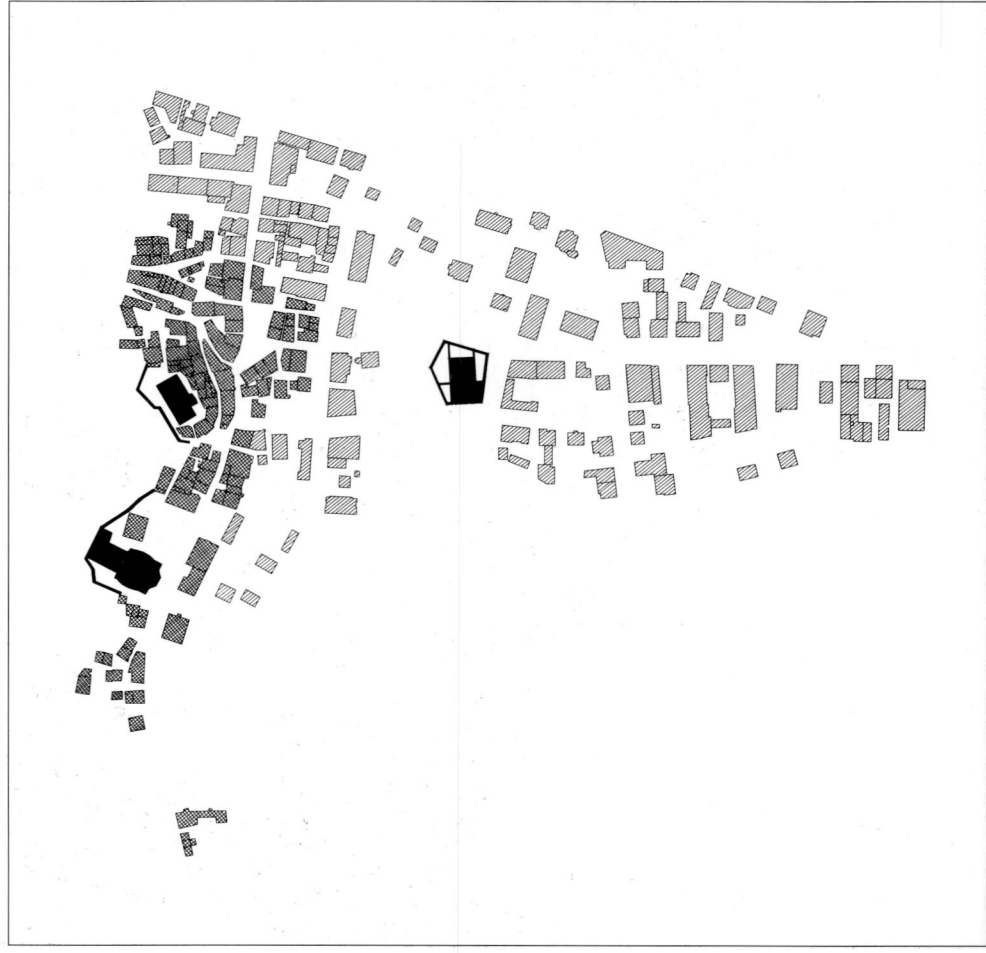

Plano de situación y plantas

Site plan and floor plans

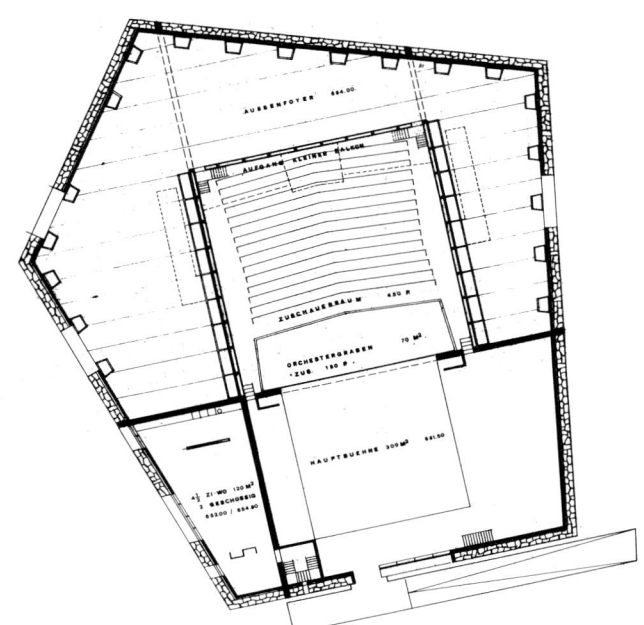

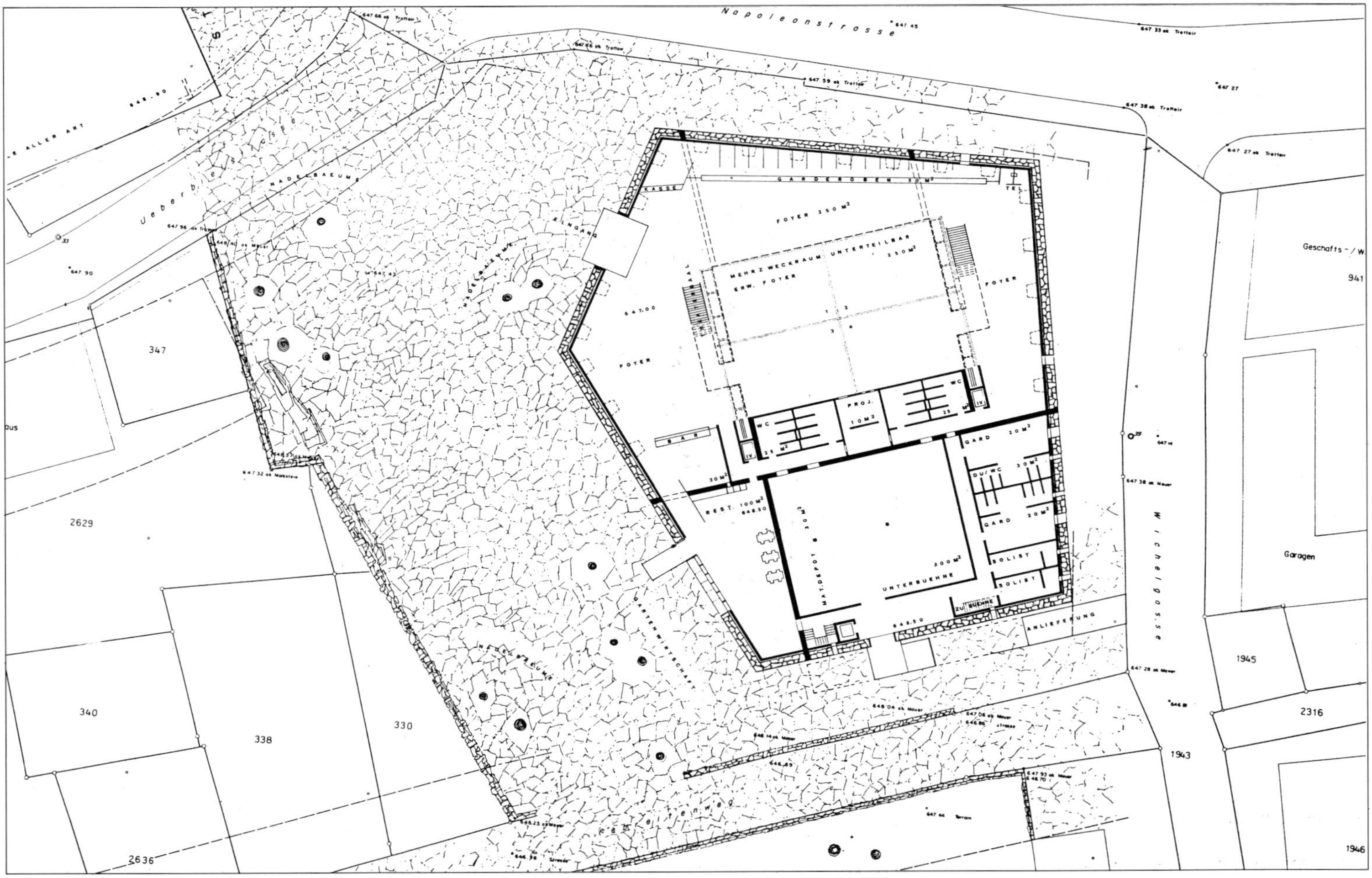

Alzados y secciones

Elevations and sections

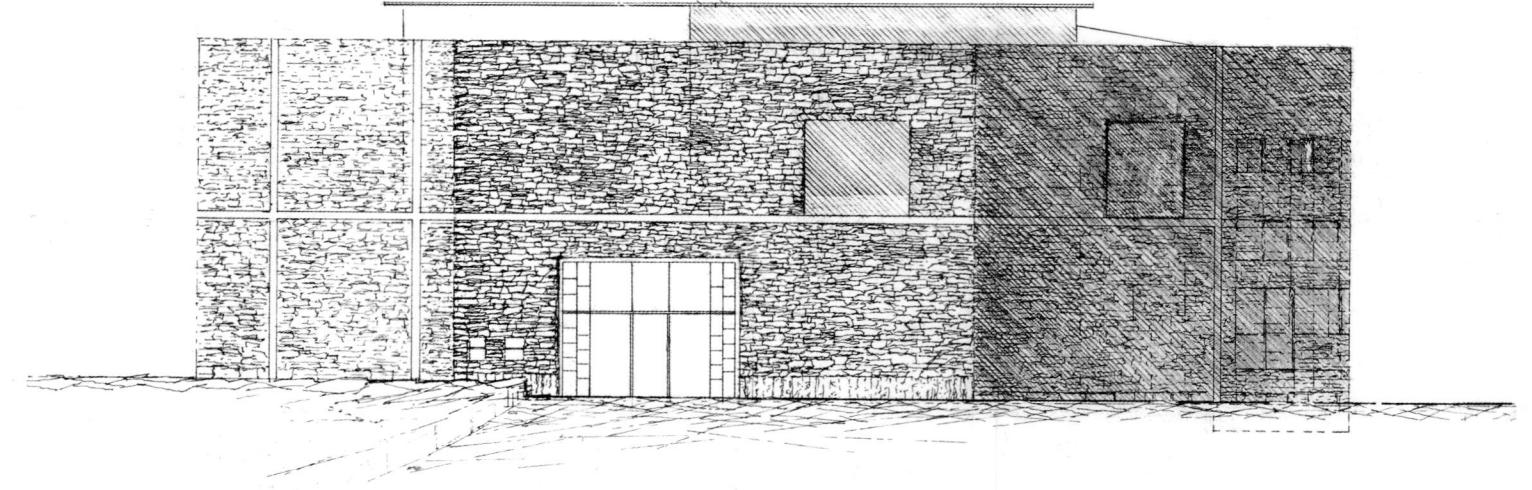

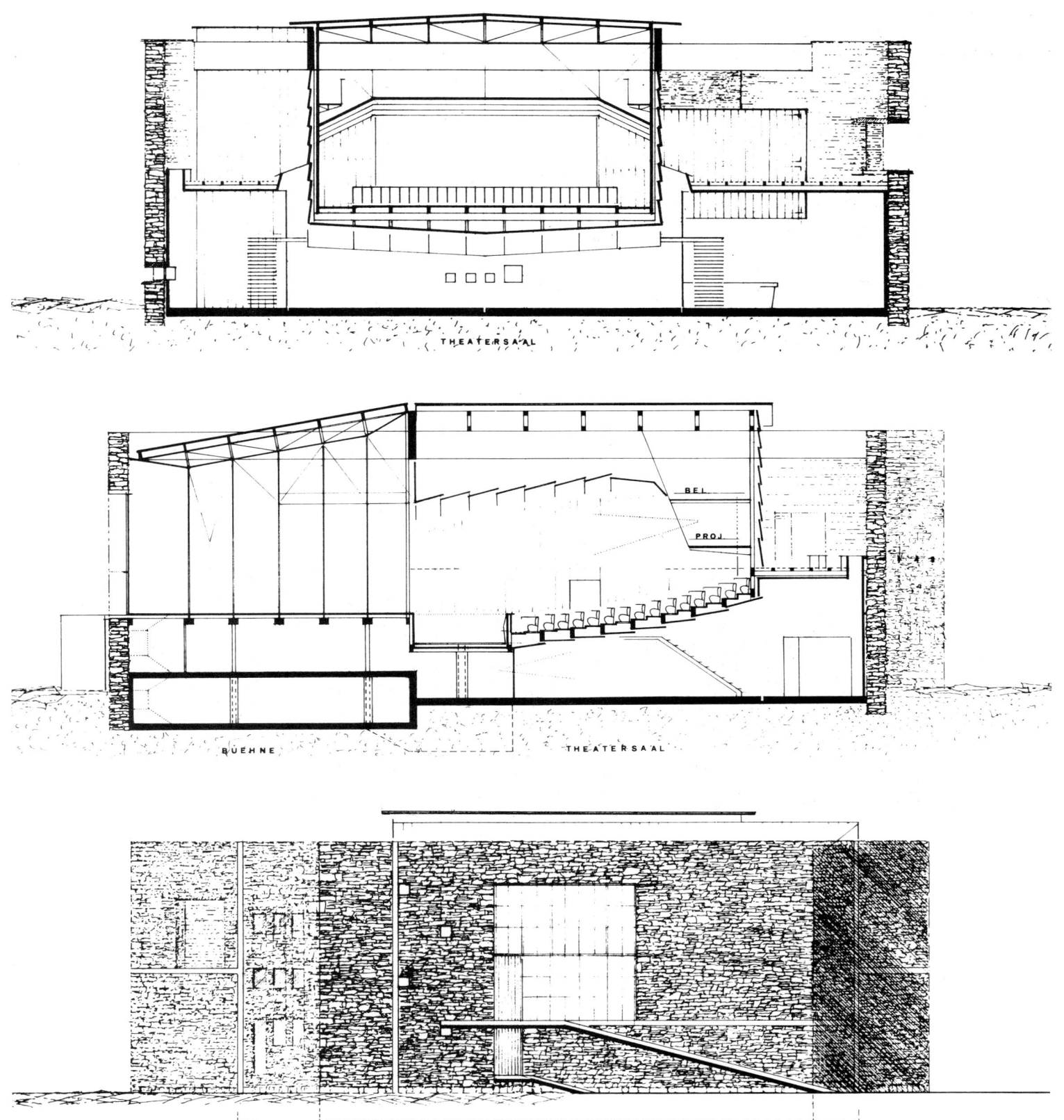

1984-1985

Casa de madera multilaminar

Colaboradora: Renée Levy

Esta construcción en madera multilaminar es en realidad la ampliación de una casa preexistente, situada en medio de un gran jardín estilo parque. Al mismo tiempo de ser la residencia de su único habitante, sirve además como pequeño teatro de títeres. Por lo tanto, la casa se construye de la misma manera que un instrumento de música o un mueble, y está revestida de madera multilaminar por dentro y por fuera.

Junto a la fachada sur hay un gran árbol Paulownia, con el cual el edificio de madera multilaminar compone una totalidad arquitectónica simple e indivisible.

Fragmento de la fachada y planta

Plywood house

Collaborator: Renée Levy

This plywood construction is in fact an extension to an existing villa, standing in a large, park-like garden. As well as the home of its single occupant, the house is also a small private puppet-theatre. In keeping with this, it has been constructed in the same way as a musical instrument or a piece of furniture would be, and finished entirely in plywood inside and out.

There is a large Paulownia tree by the south facade, with which the plywood building forms a single indivisible architectural whole.

Partial view of the facade and ground floor plan

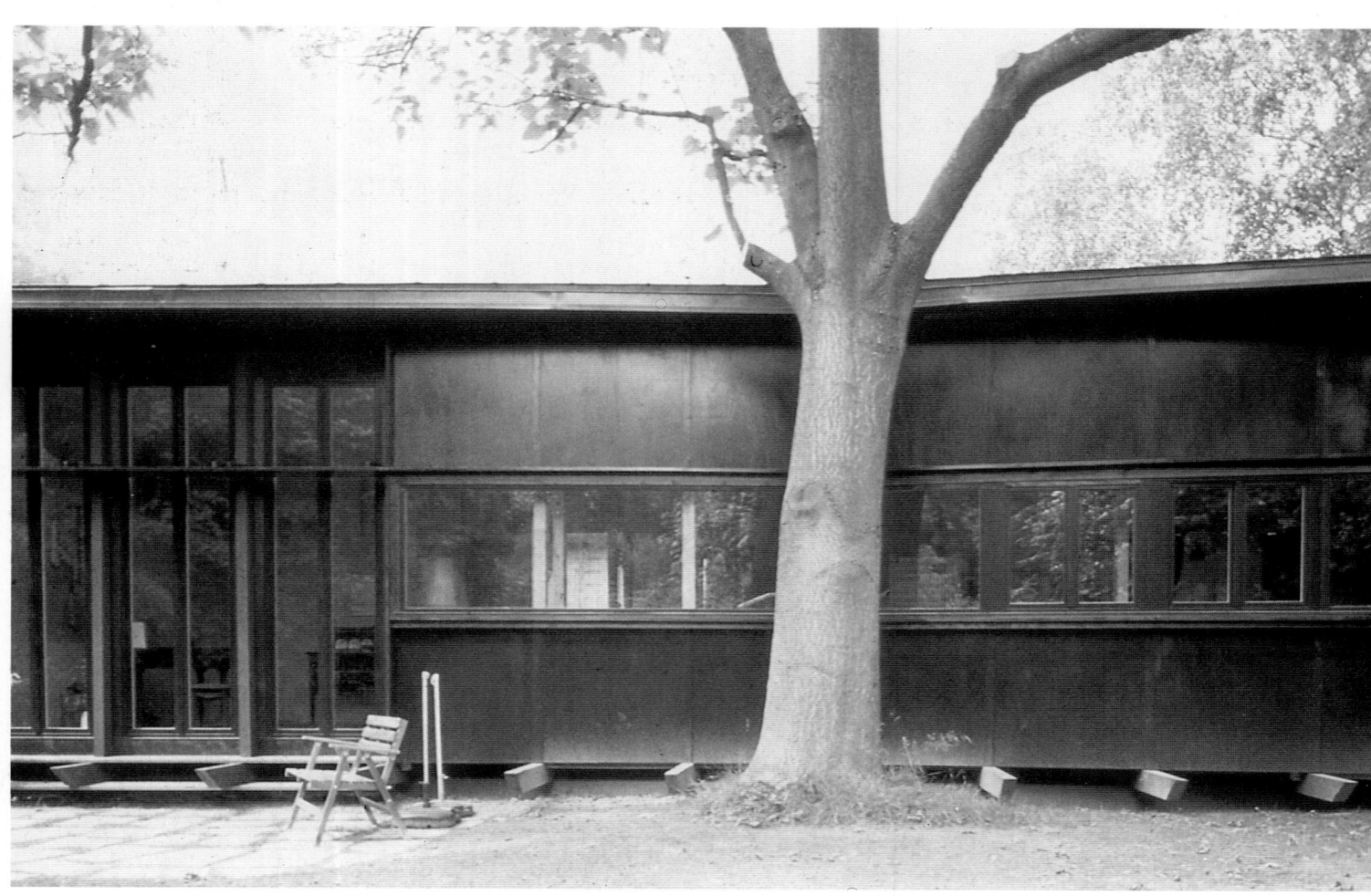

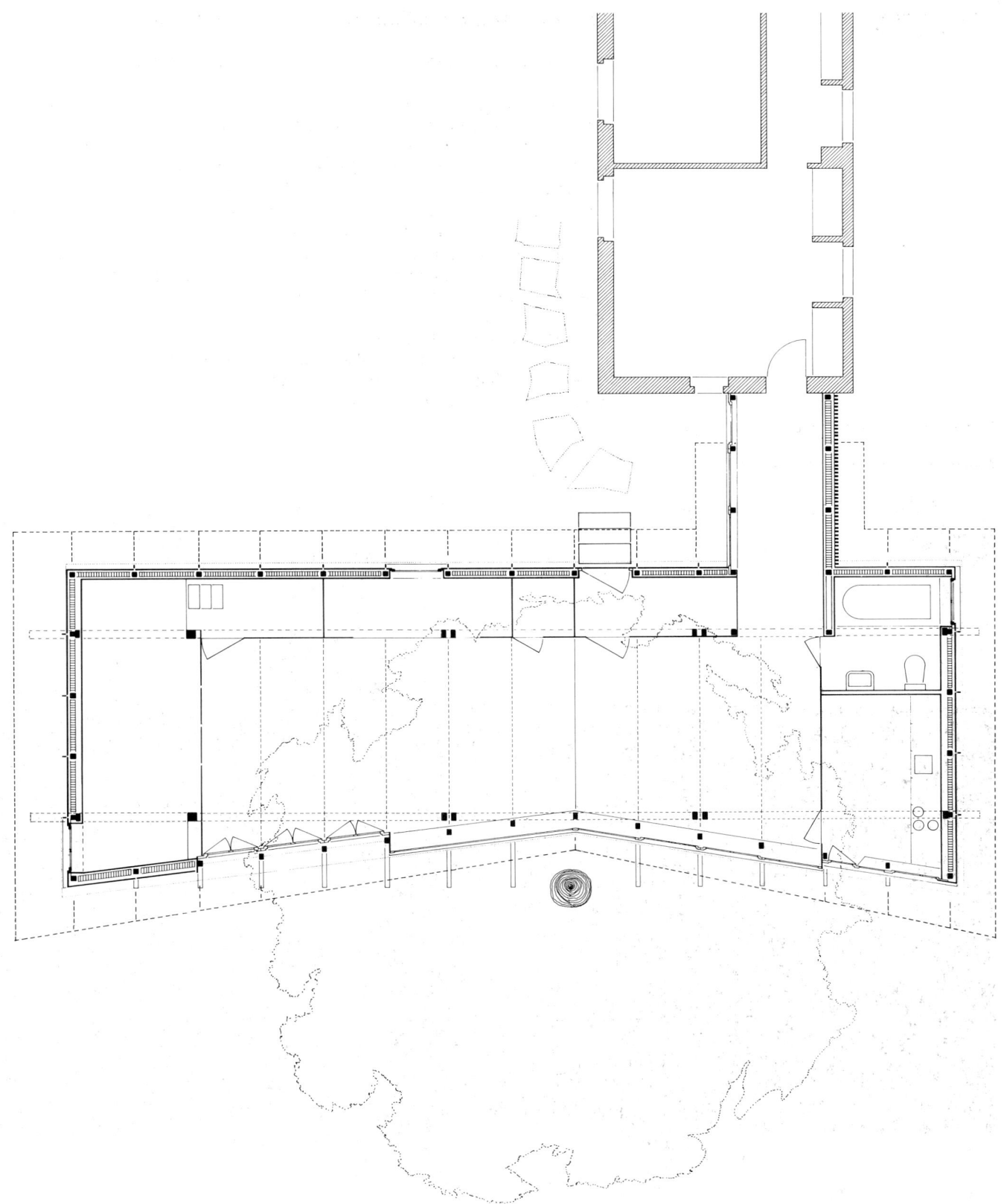

Secciones, alzado y vista lateral

Sections, elevation and view from the side

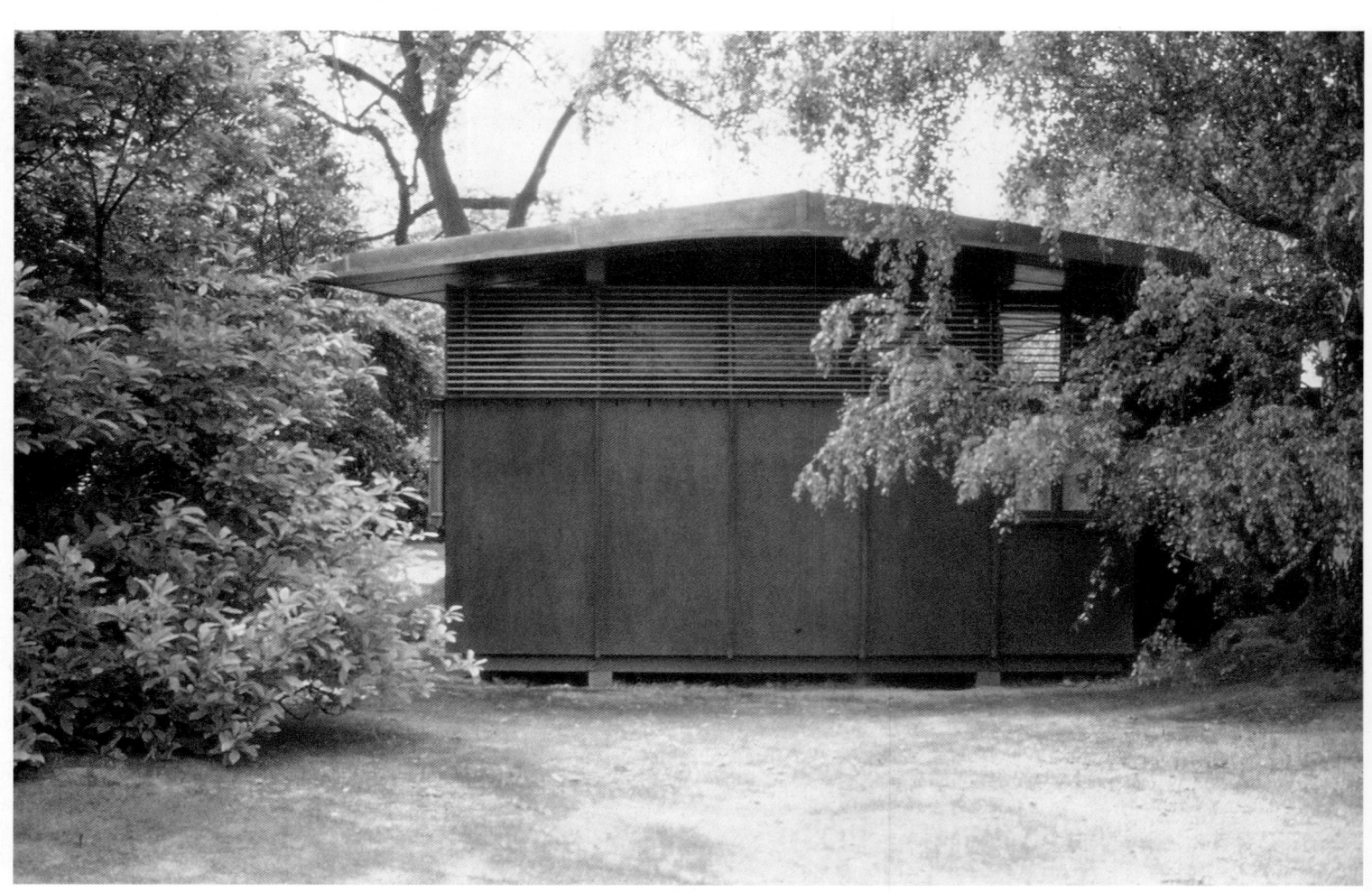

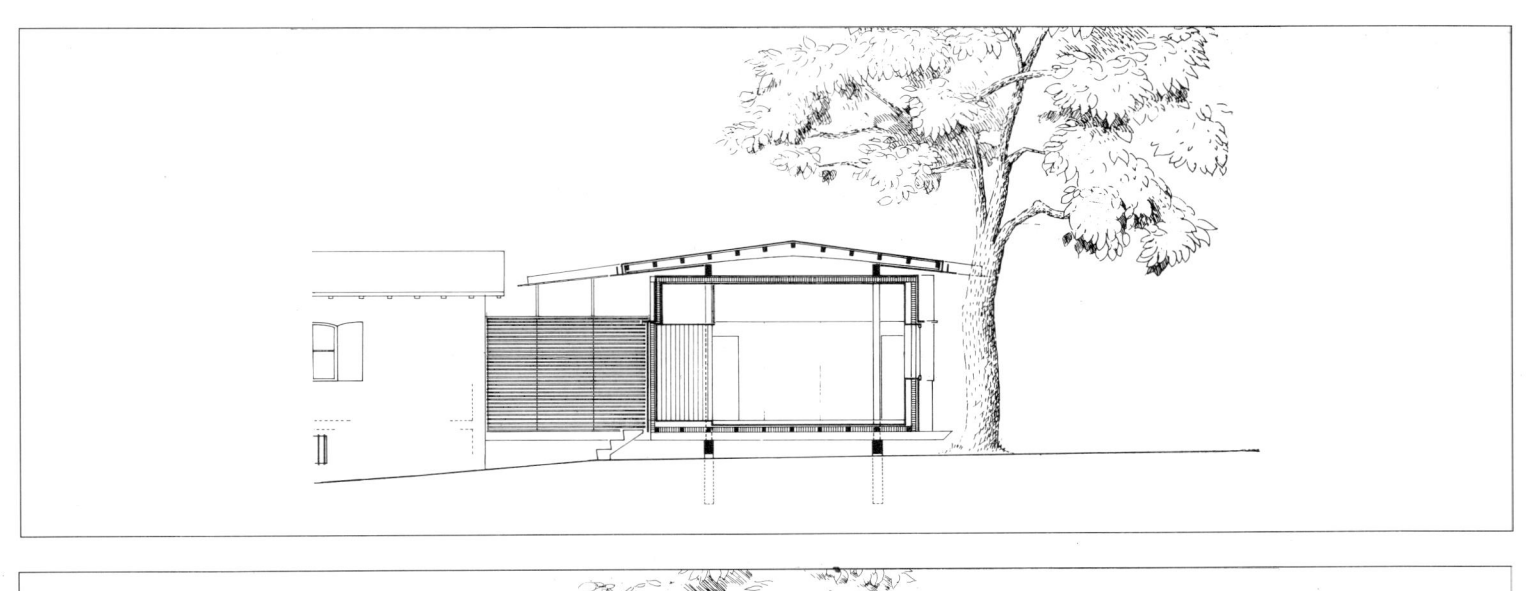
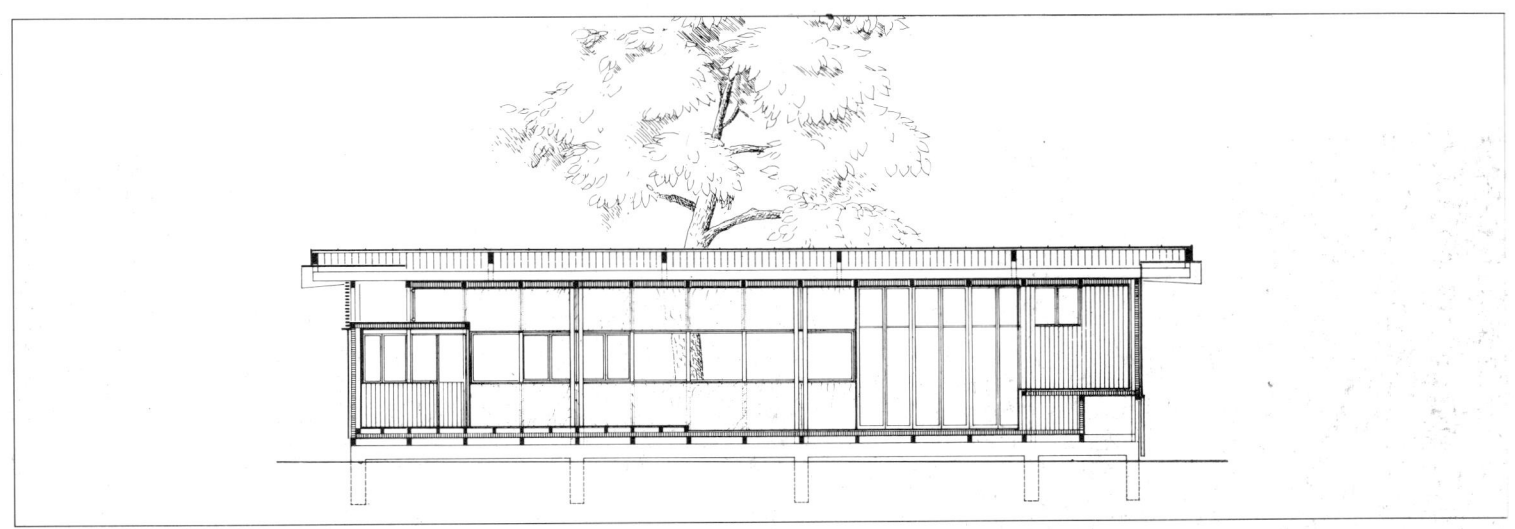
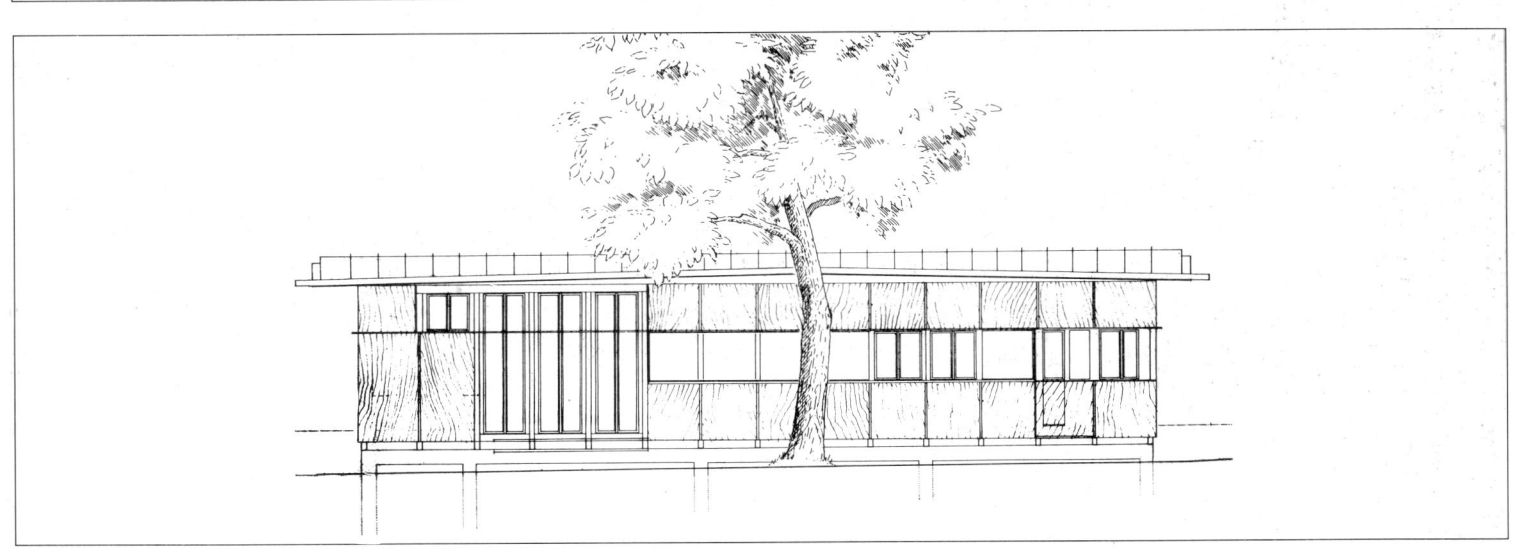

Vistas del interior

Views of the interior

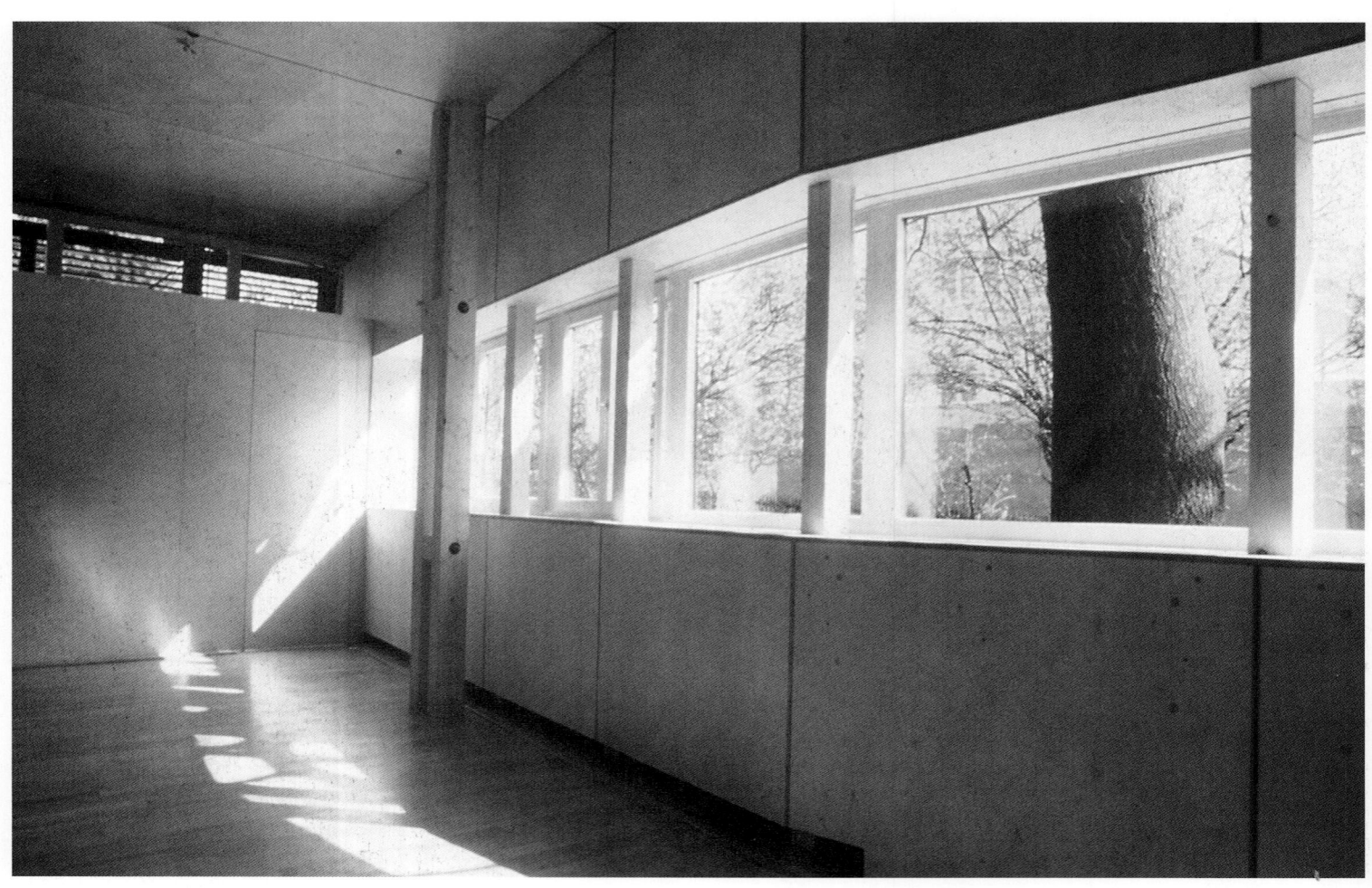

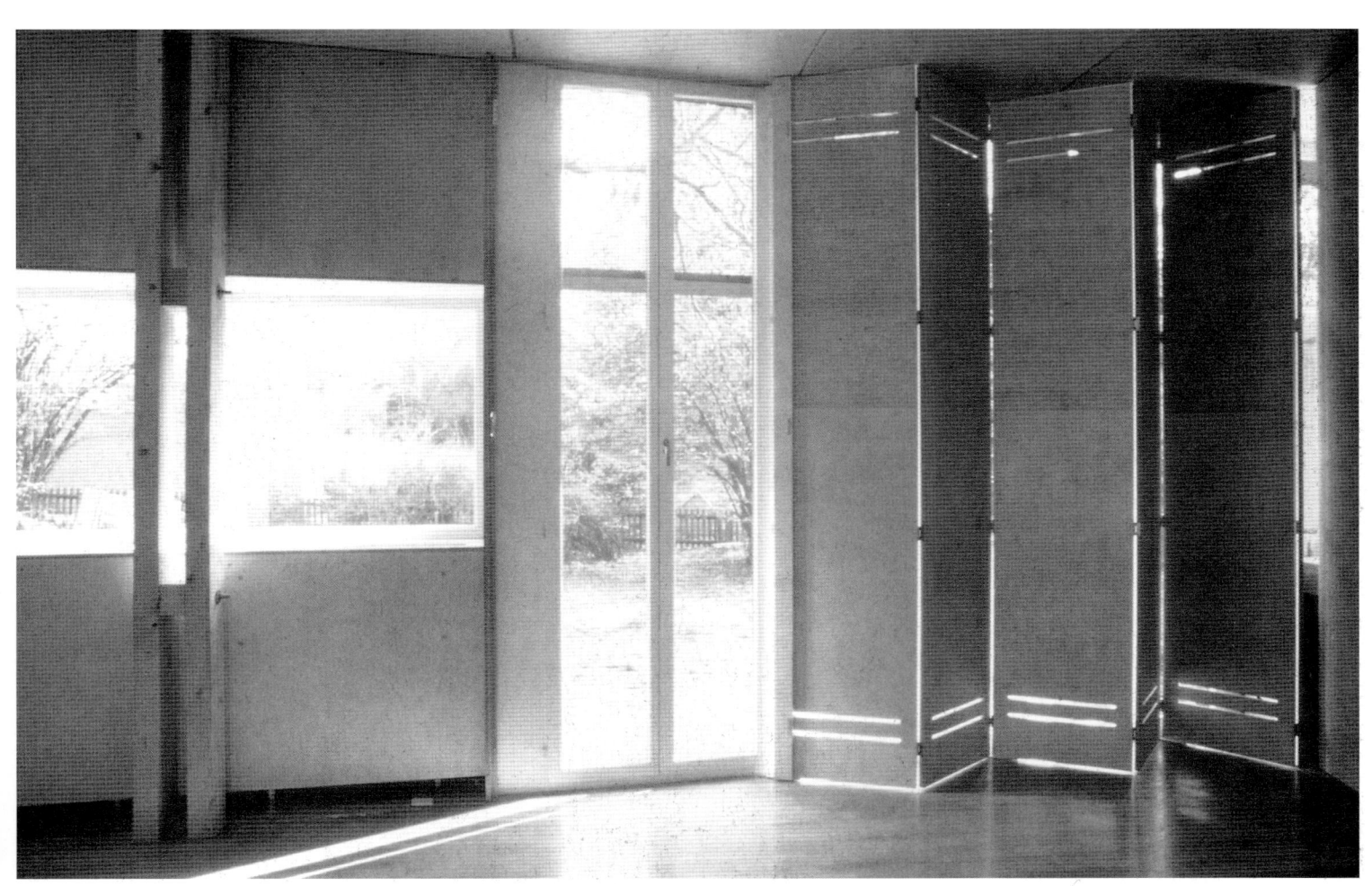

1984-1988

Casa a lo largo de un muro límite en el patio de Hebelstrasse 11, Basilea

Concurso
Colaborador: Mario Meier

Esta casa está pegada a uno de los muros límites de un patio-jardín en un antiguo barrio de la ciudad, que remonta al siglo XIII. La fachada del alargado edificio está revestida de roble en las plantas baja y principal; por encima –como amontonada– la planta superior está construida de acero, con ventanales grandes de vidrio cilindrado.

House along a boundary wall, the courtyard of Hebelstrasse 11, Basle

Competition
Collaborator: Mario Meier

The house clings to one of the boundary walls of a landscaped courtyard in an old district of the city which dates back to the 13th century. The facade of this elongated building is clad in solid oak on the ground and first floors: above this –set on top, as it were– the second floor is constructed in steel with large plate glass windows.

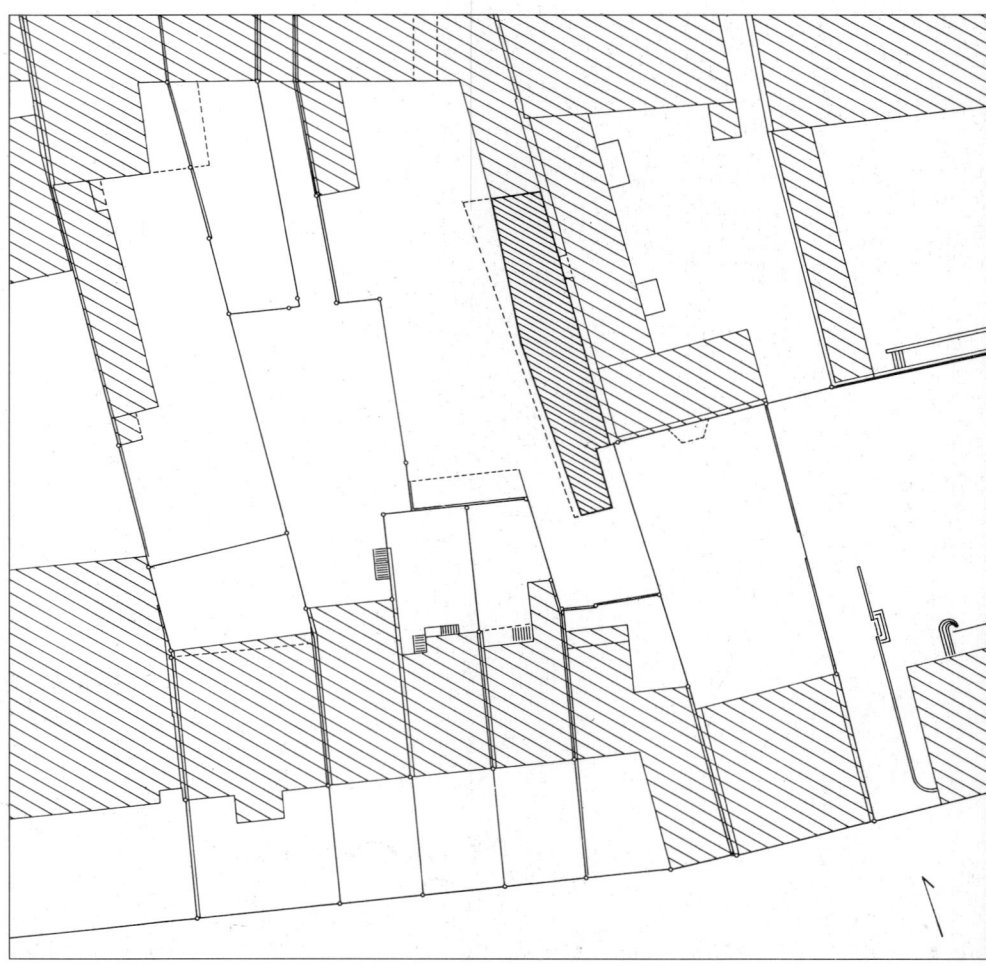

Plano de situación y vista lateral del corredor

Site plan and side view of the corridor

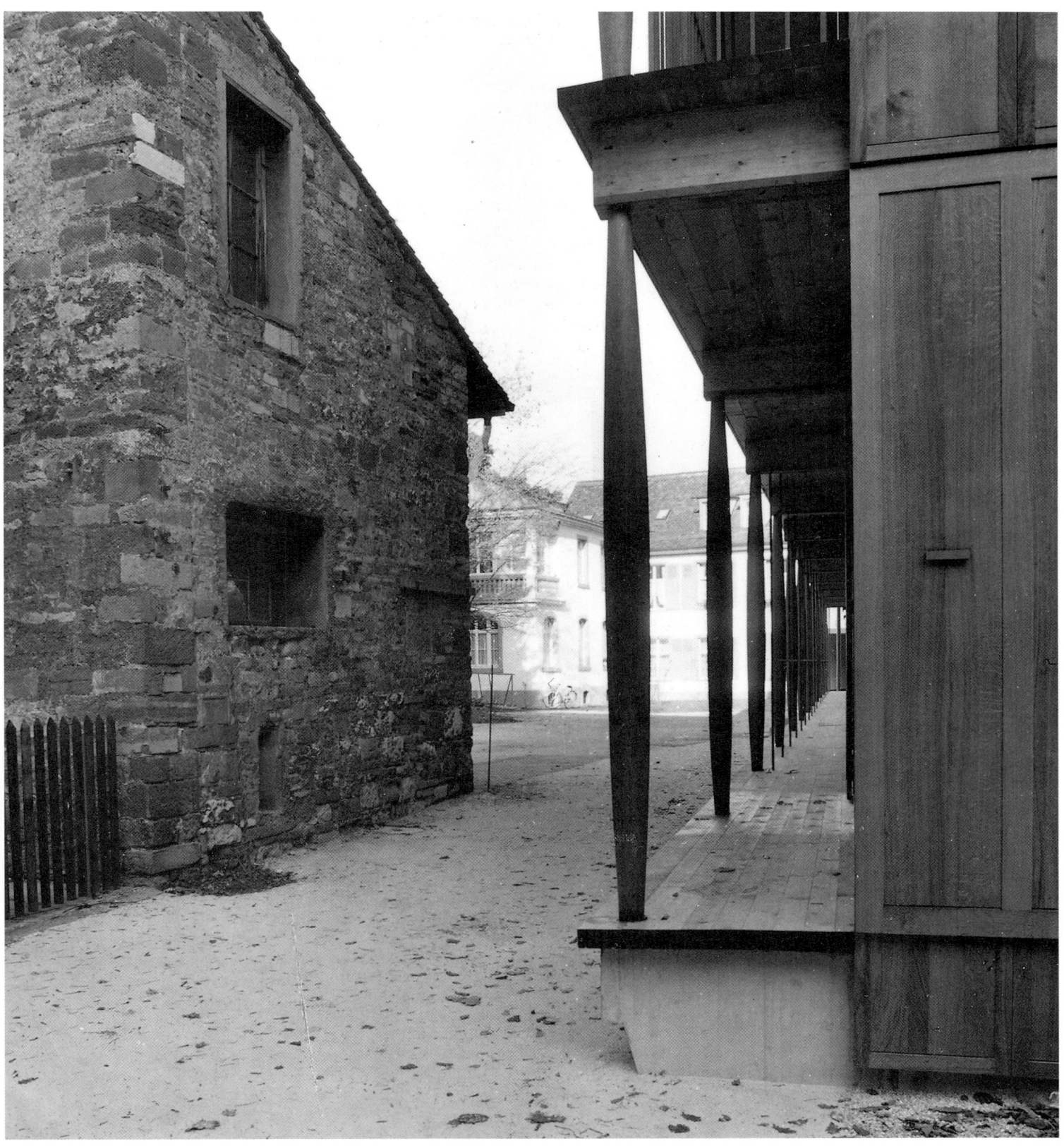

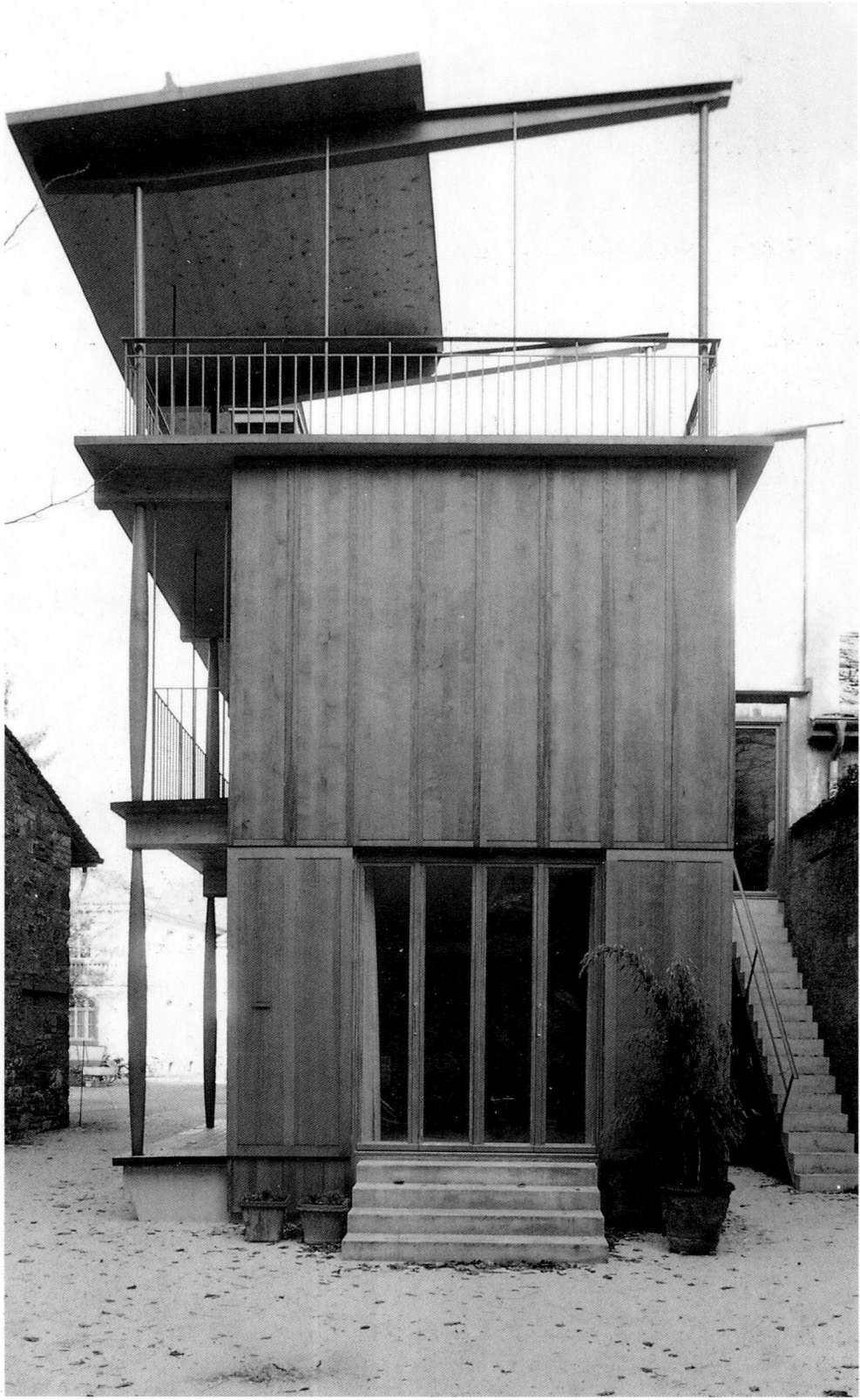

Plantas y vista de la fachada lateral

Floor plans and view of the side facade

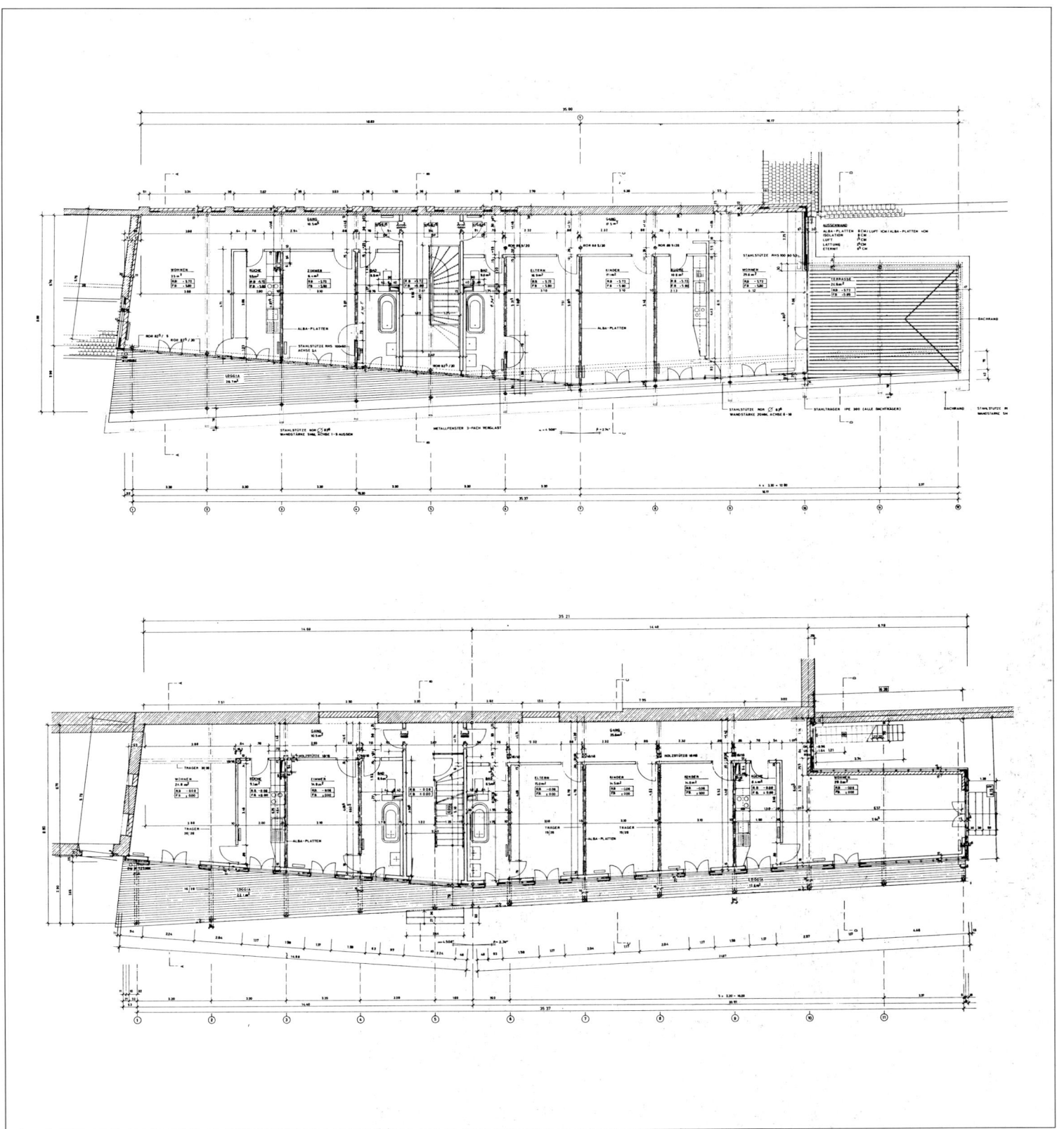

Alzado, secciones y vista de la fachada principal
Elevation, sections and view of the main facade

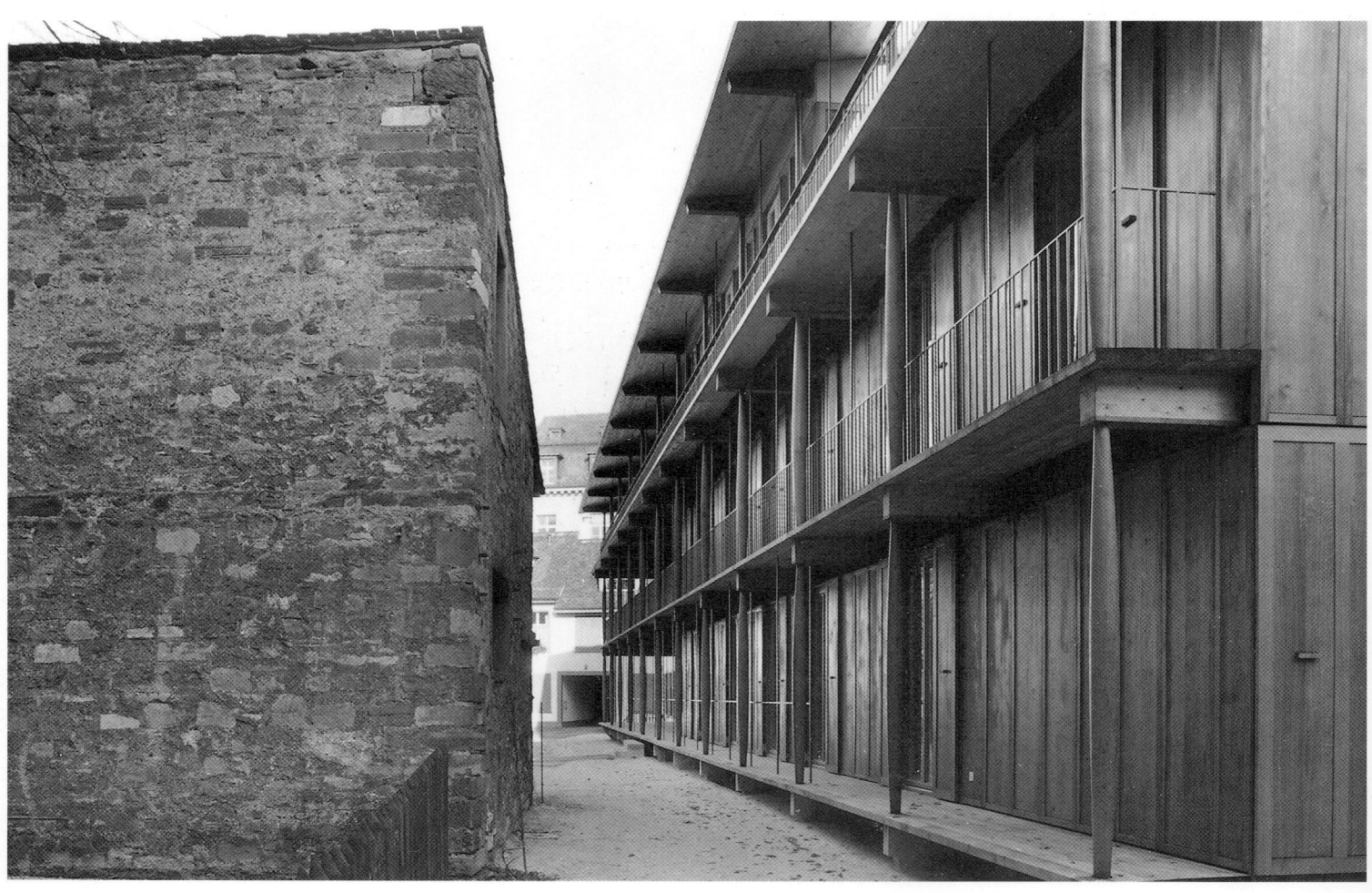

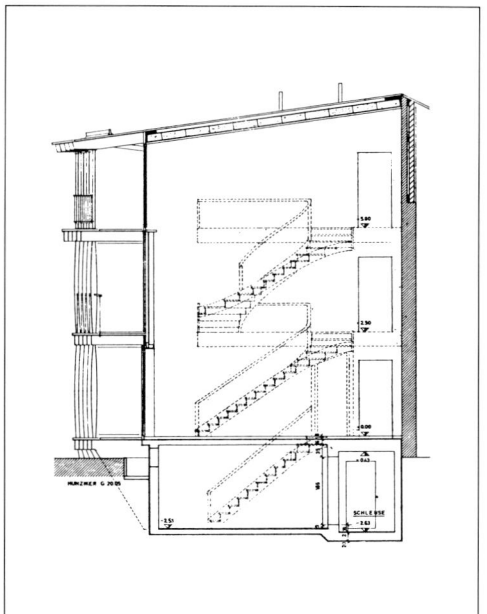
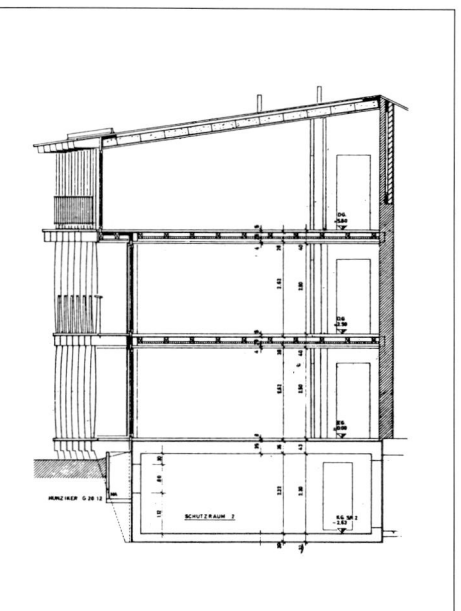
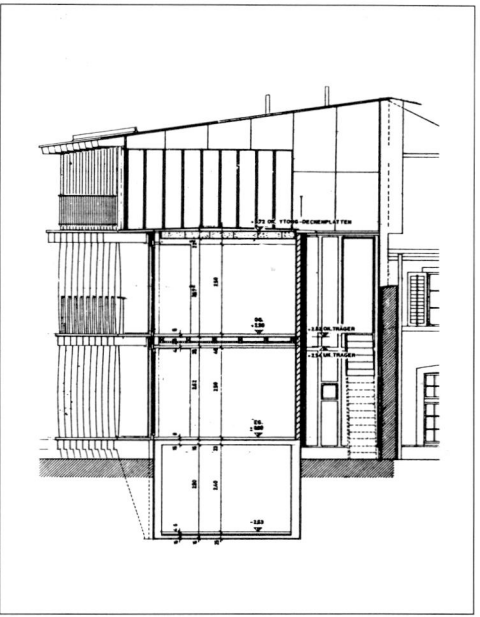

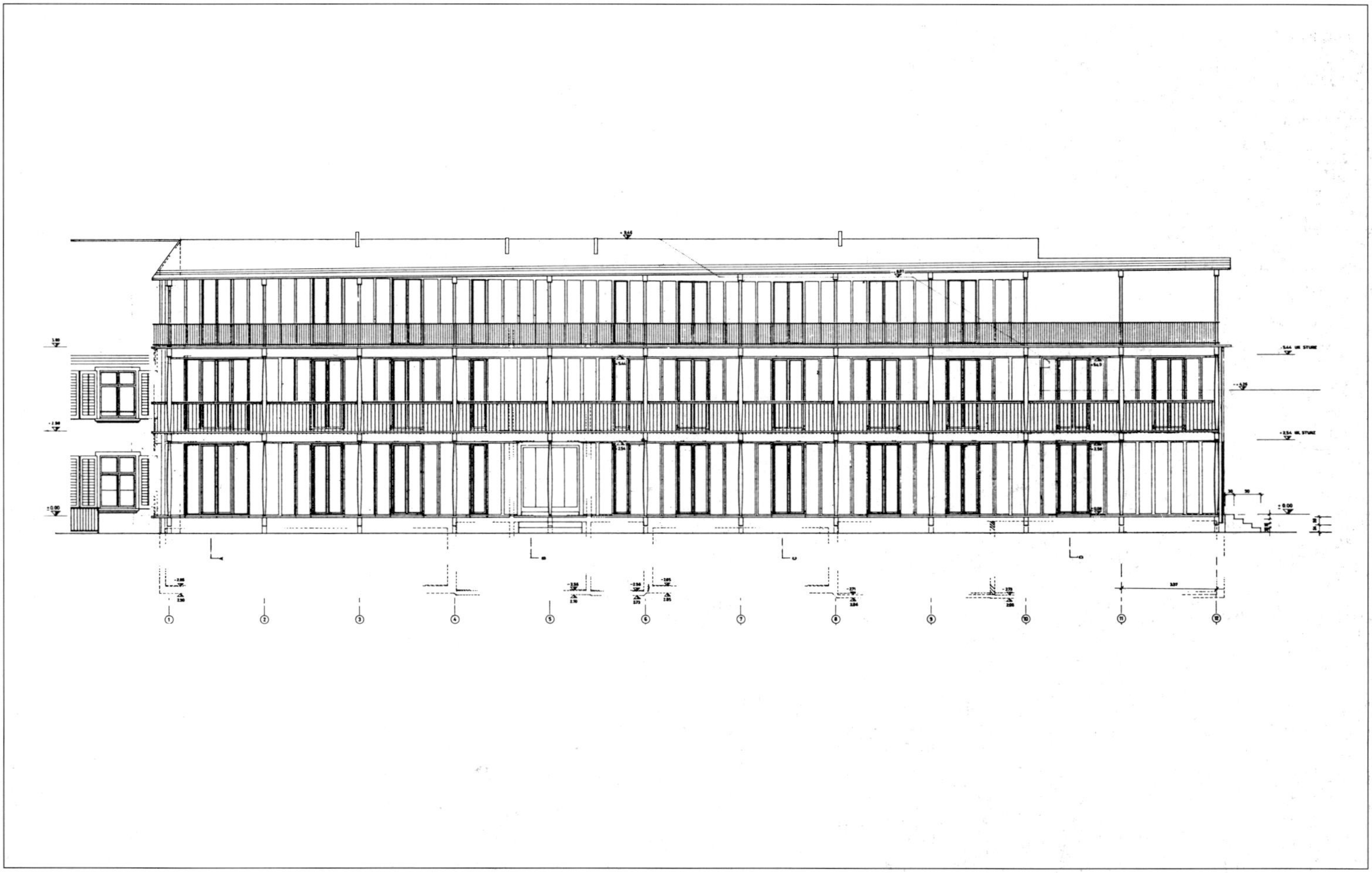

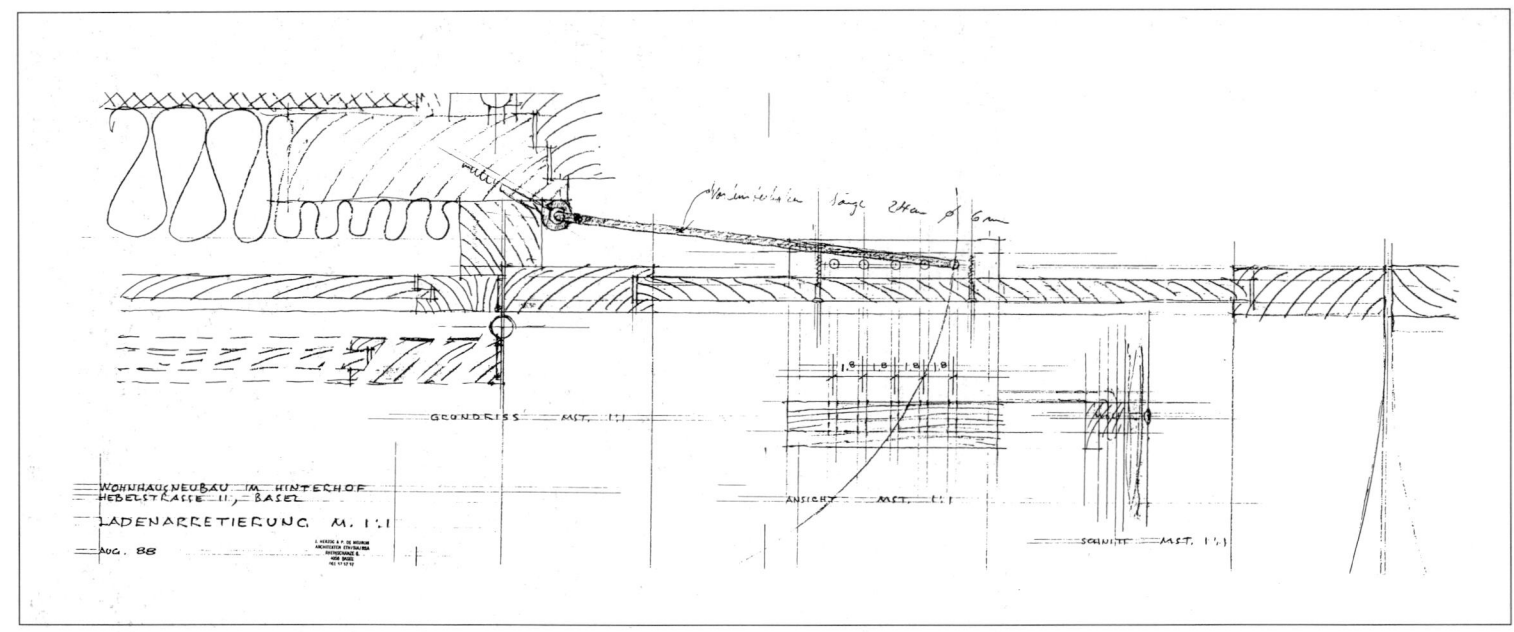

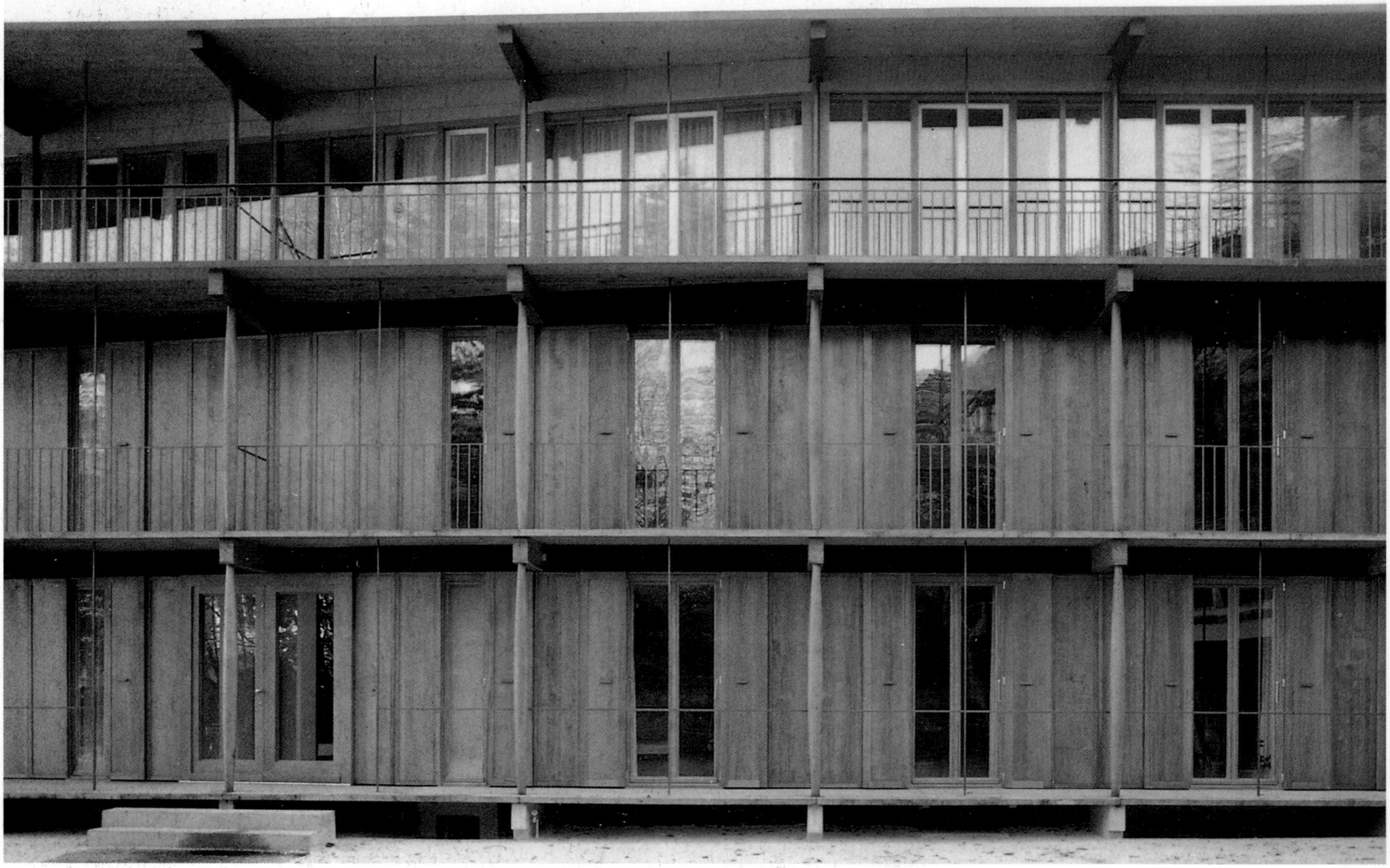

Detalle constructivo y vistas de la fachada principal y del corredor

Construction detail and views of the main facade and the corridor

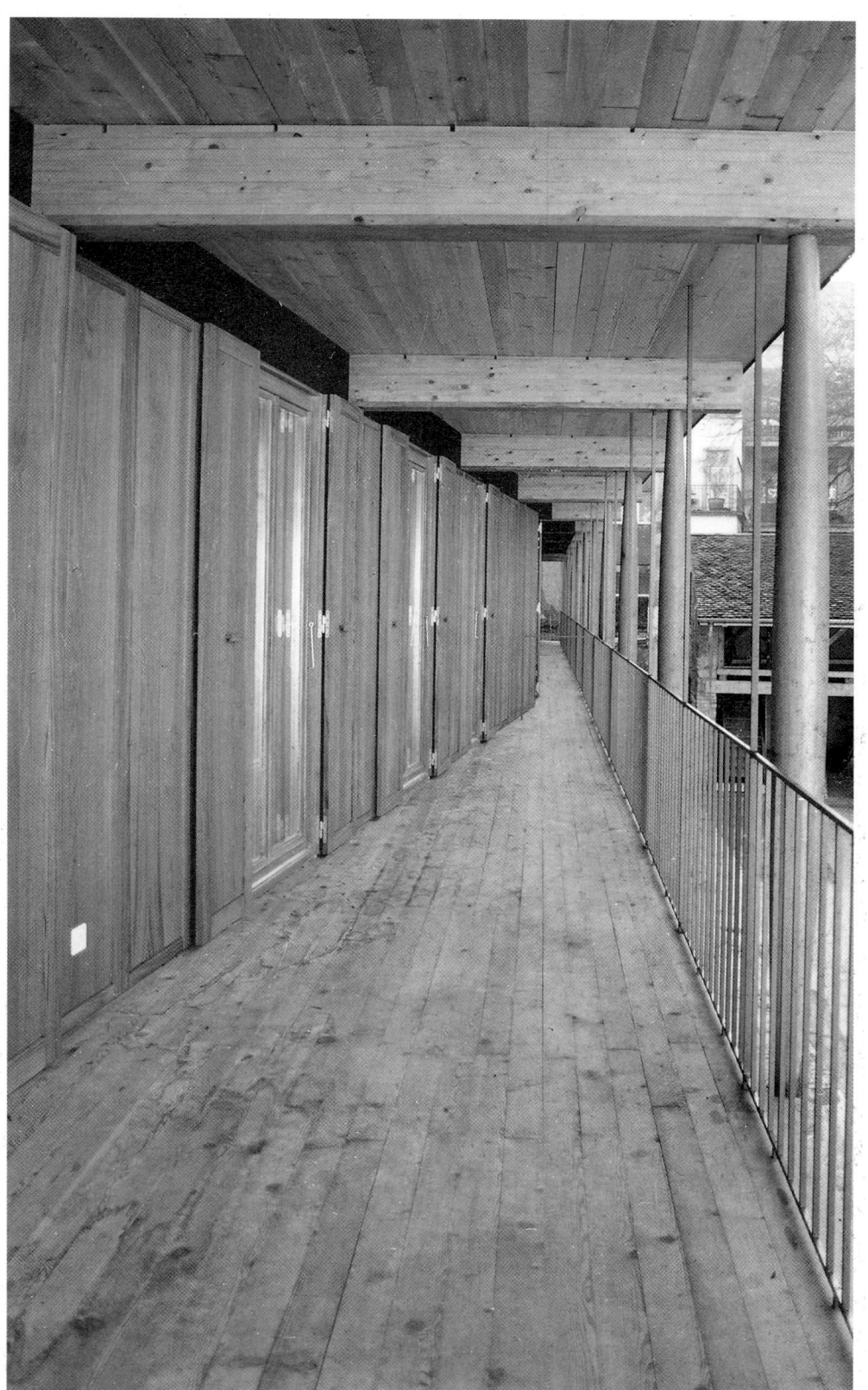

1985-1988

Edificio comercial y residencial "Schwitter" en Allschwilerstrasse 90, Basilea

Colaboradora: Annette Gigon

Los arcos salientes de los balcones se sobreponen a la curva de la fachada a la calle en un efecto e interferencia. El centro de esta forma circular se encuentra en la parte residencial del edificio, donde calles peatonales dan acceso a los apartamentos dispuestos alrededor del patio arbolado. La fachada es de placas de hormigón teñido colocadas en la estructura de hormigón armado. Este esqueleto queda abierto por poniente, donde una arcada conecta el patio interior con el exterior.

"Schwitter" commercial and apartment building, Allschwilerstrasse 90, Basle

Collaborator: Annette Gigon

The curve of the street facade is overlaid by the arcs of the projecting balconies (an interference pattern). The centre of this circular form is to be found in the residential part of the building, in which pathways give access to apartments laid out around a leafy courtyard. The facade is of coloured concrete slabs set into the reinforced concrete structure. This framework has been left open on the west side, in which a loggia connects the courtyard on the interior with the outside world.

Planta y vista exterior

Floor plan and view of the exterior

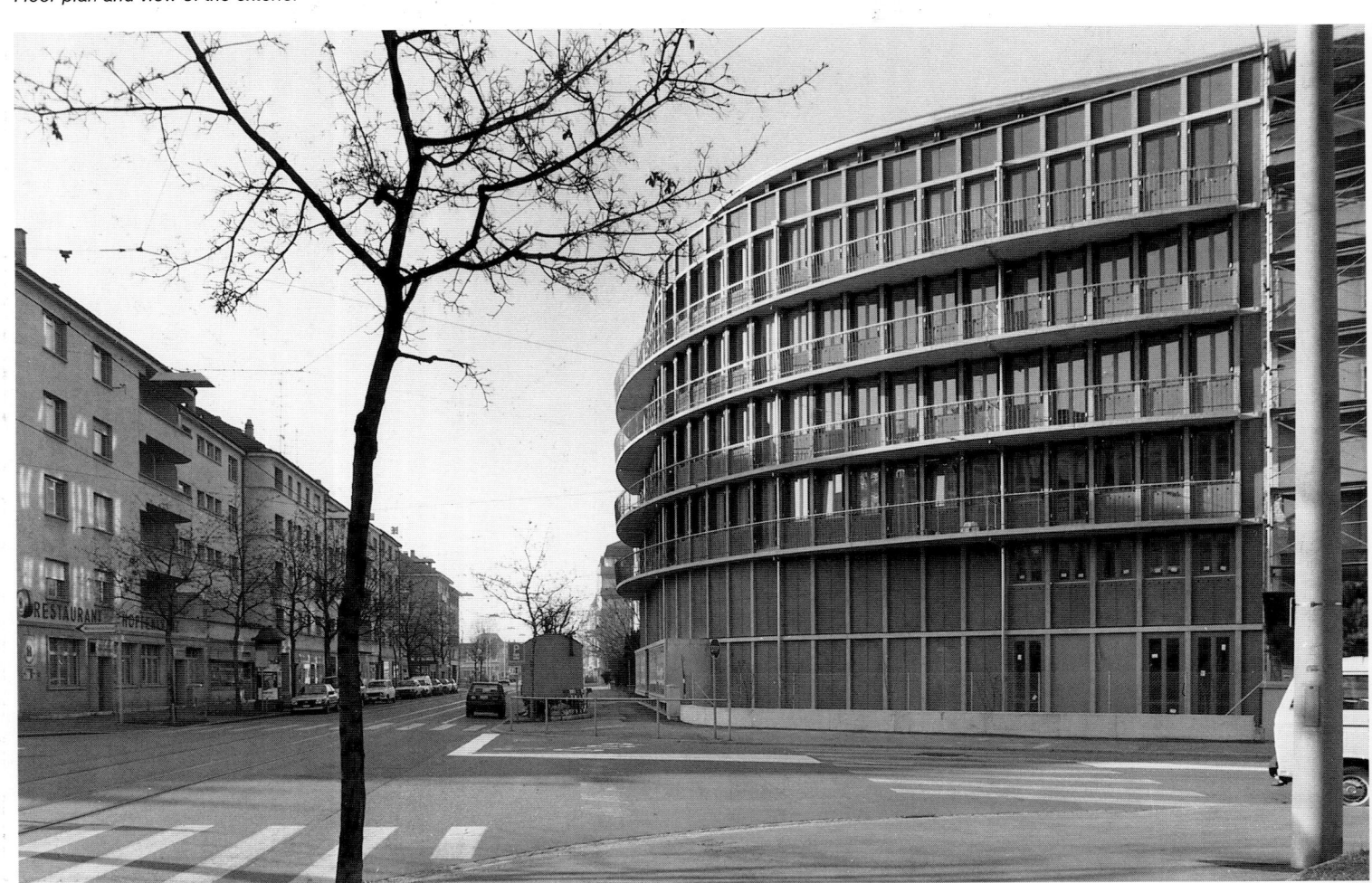

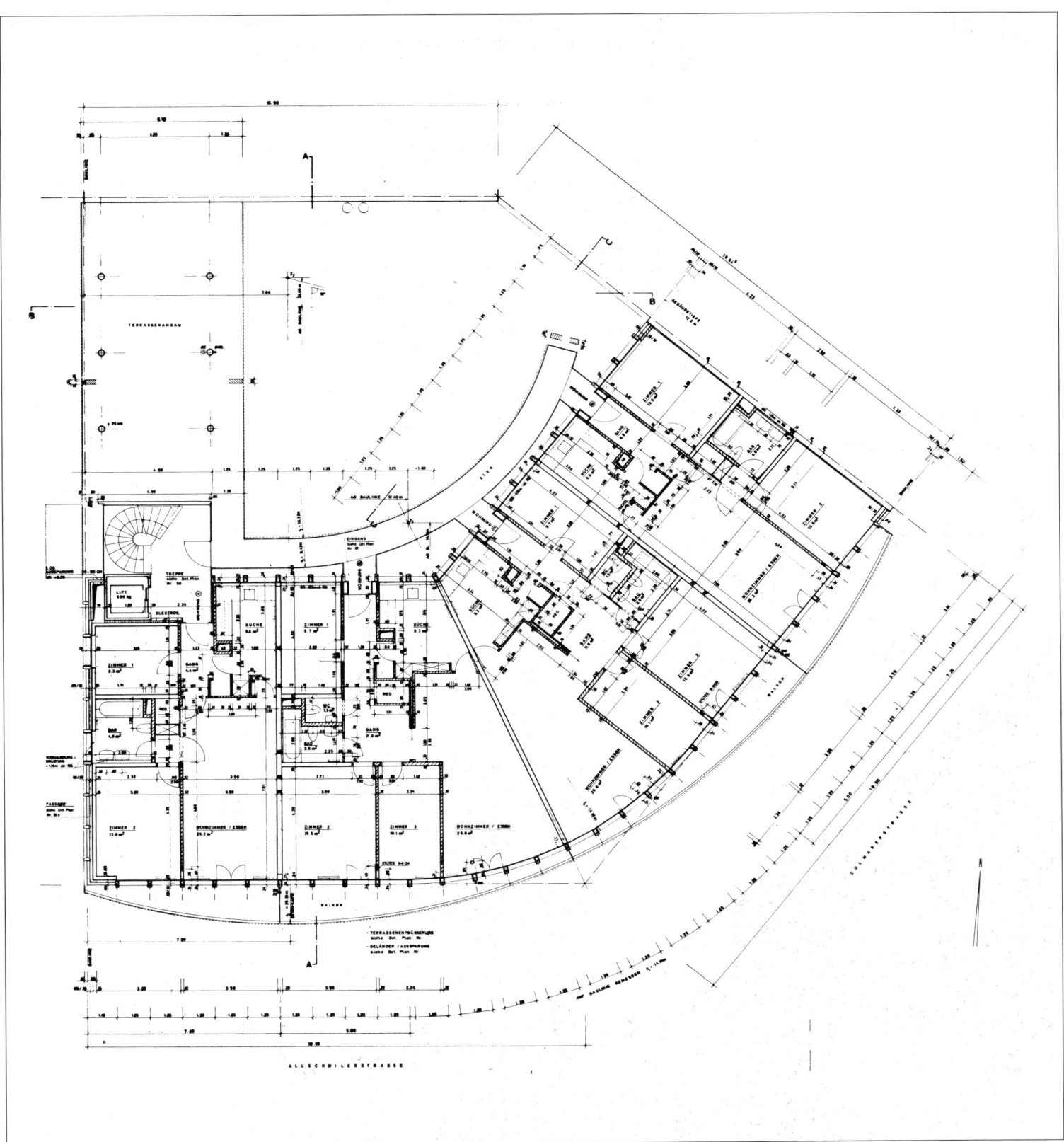

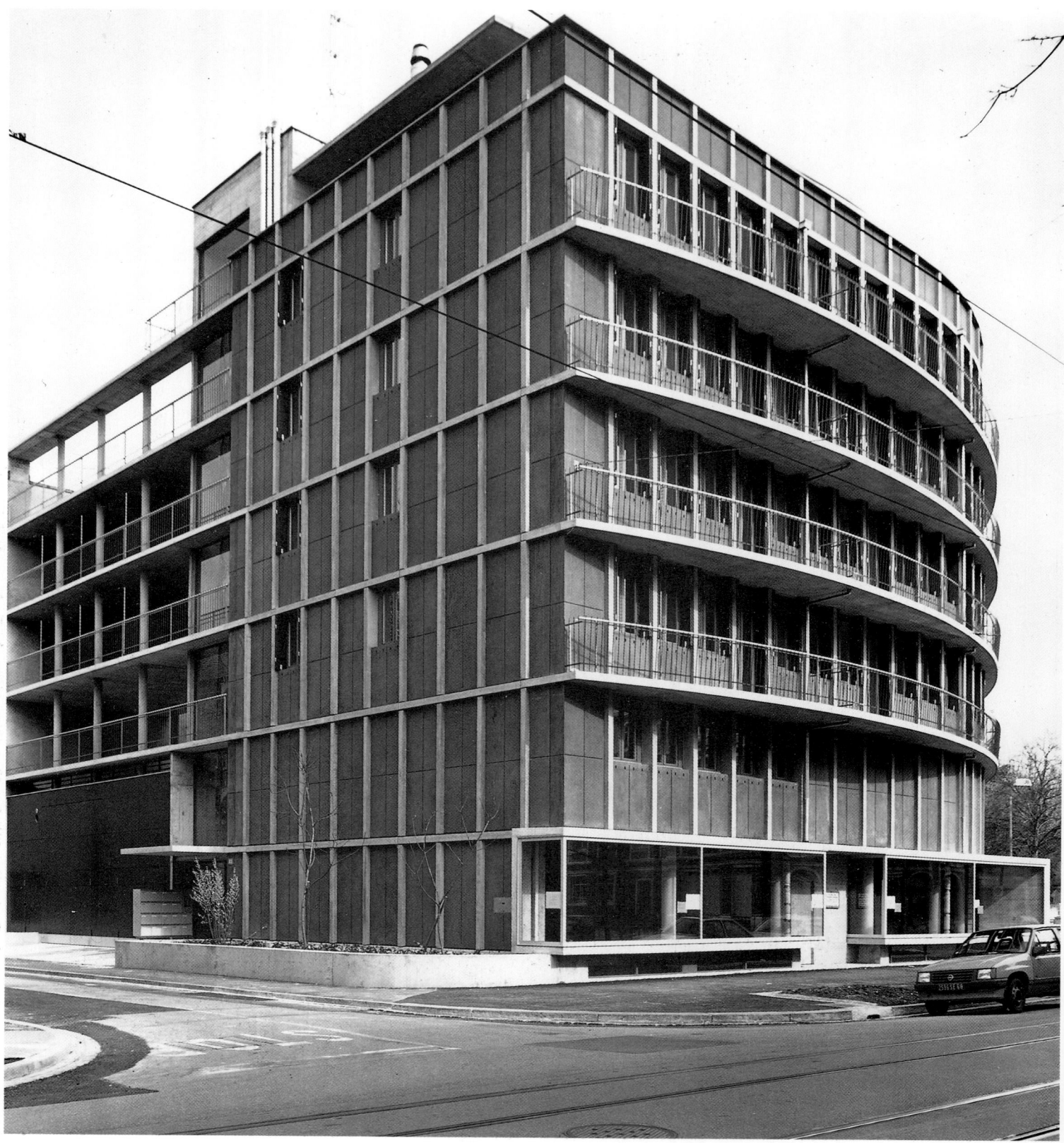

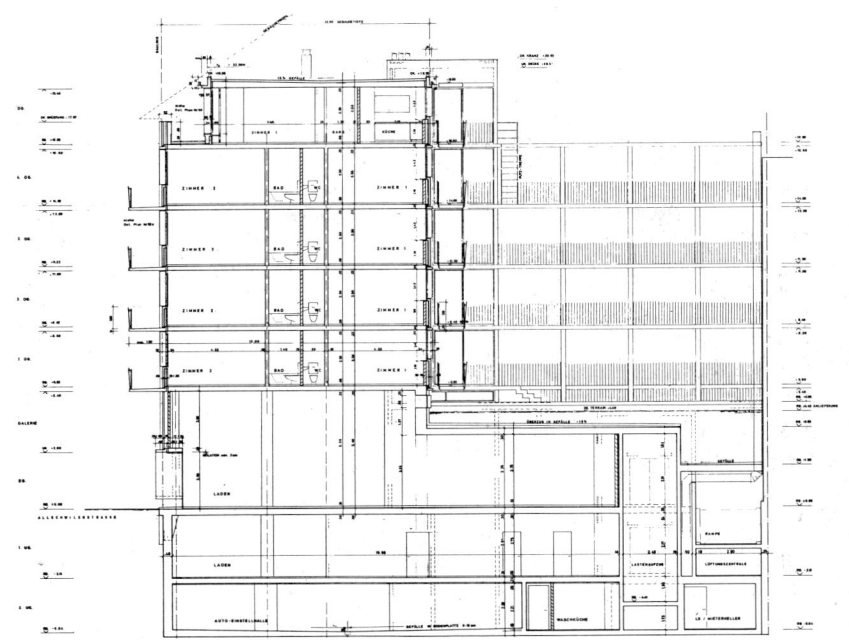

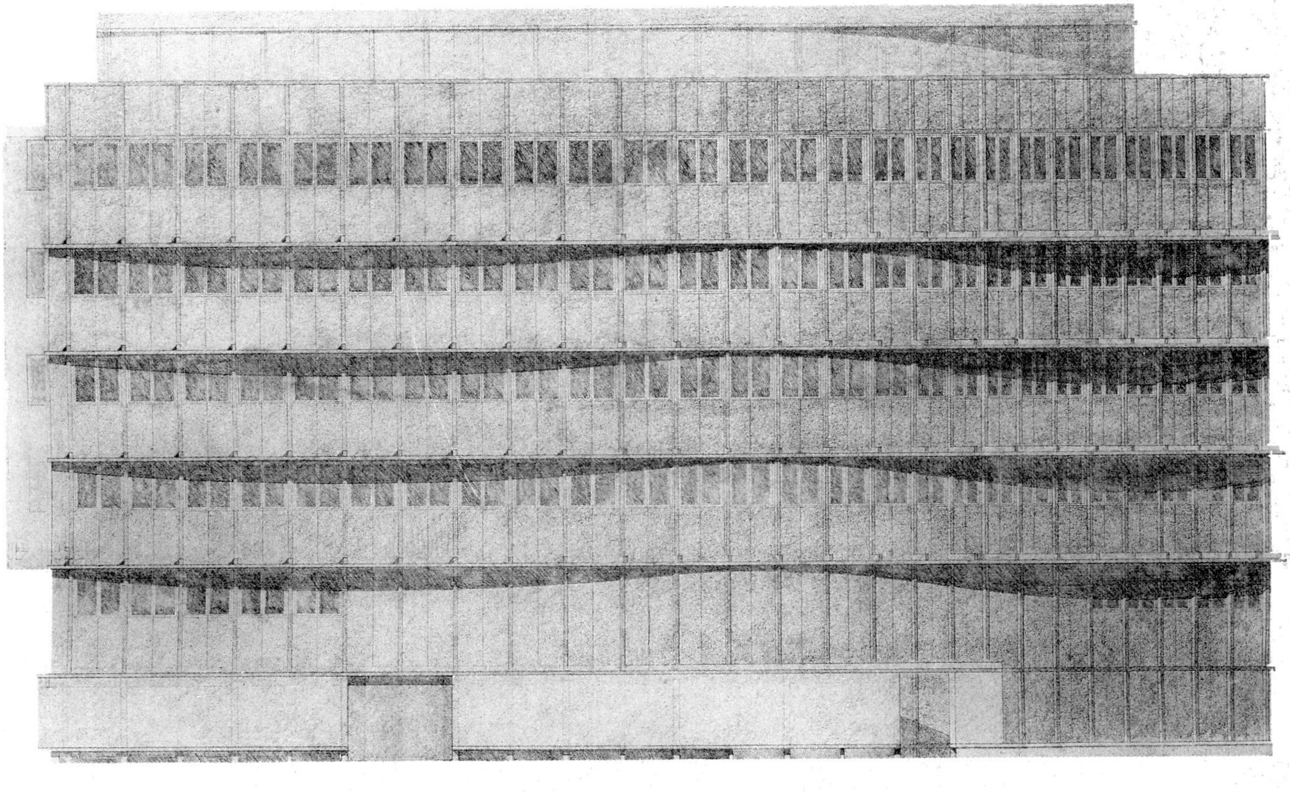

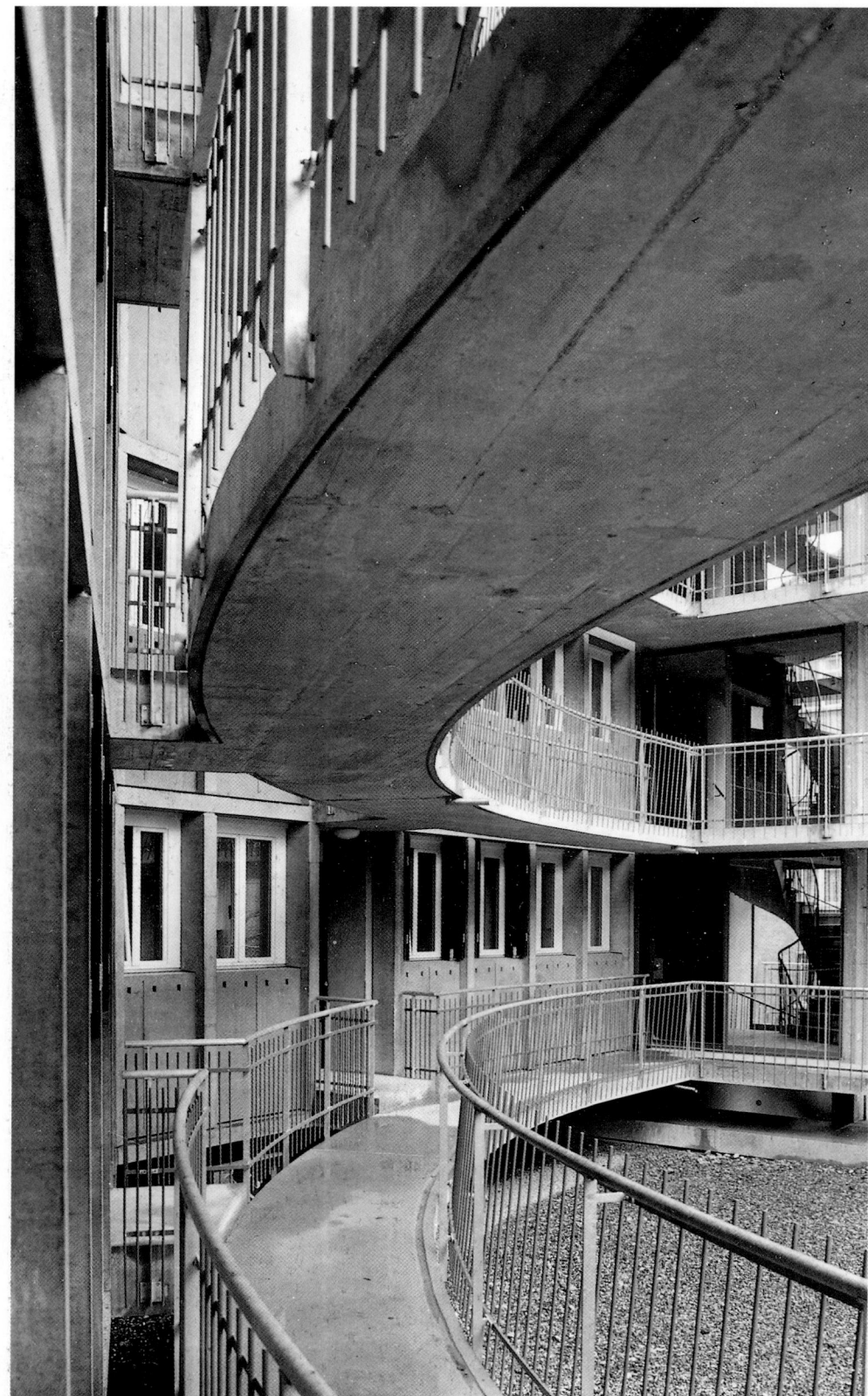

Páginas anteriores: vista exterior, sección y alzado

Preceding pages: view of the exterior, section and elevation

Vistas del espacio interior

Views of the interior space

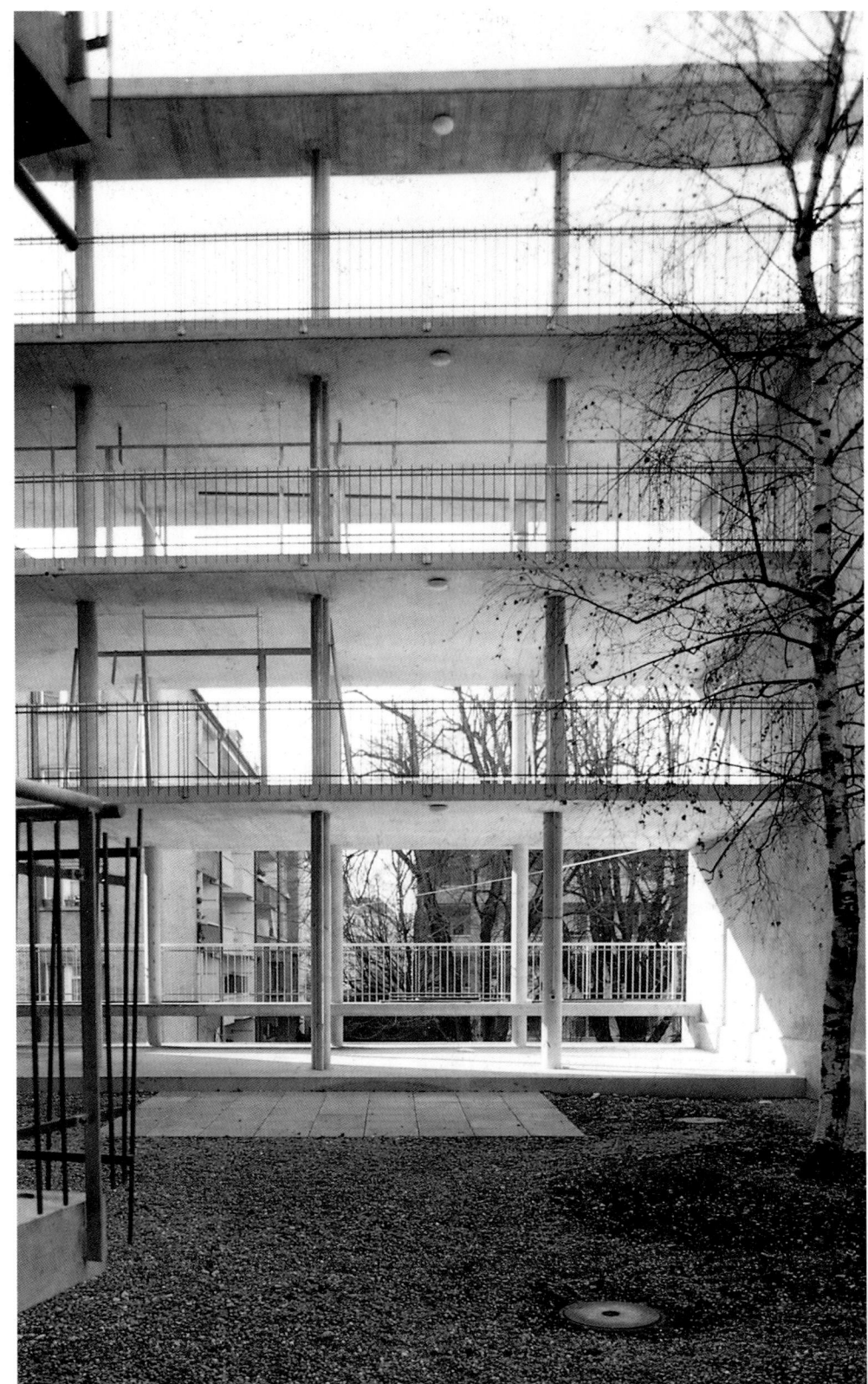

Páginas siguientes: fragmento de la fachada y detalles constructivos

Following pages: partial view of the facade and construction details

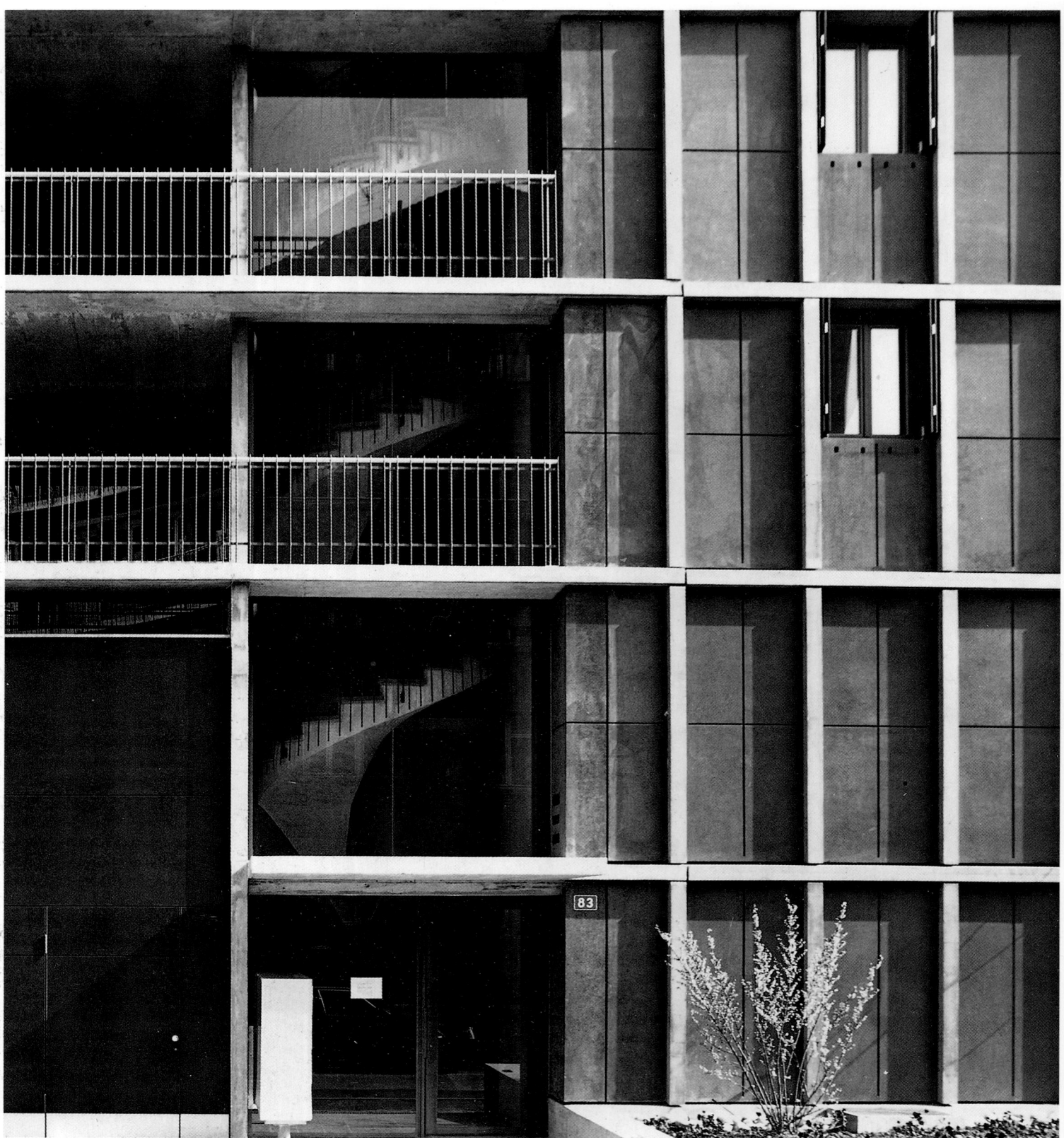

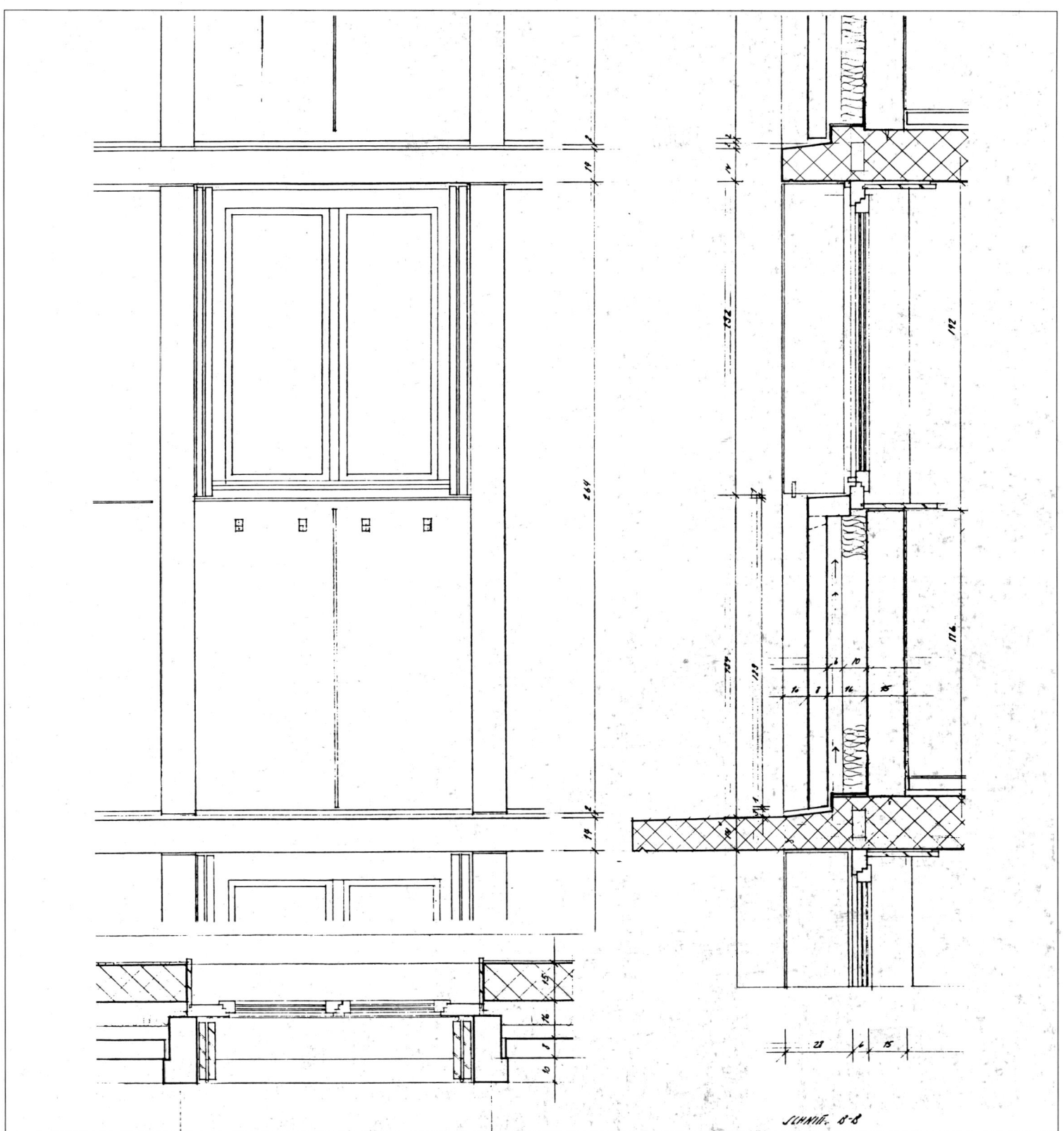

1985-1986

Casa para un coleccionista en Lerchenrainstrasse 5, cerca de Basilea

Colaboradora: Annette Gigon

La casa está organizada de tal manera que constituye dos volúmenes bien distintos: un patio de entrada con muros que contiene un largo edificio transversal, ideado para la colección particular de objetos de arte del propietario; y un cuerpo largo y estrecho por encima de éste donde vive la familia. Todos los distintos elementos del edificio están construidos de hormigón con objeto de revelar el juego de contrastes dentro de la unidad.

House for an art collector, Lerchenrainstrasse 5, near Basle

Collaborator: Annette Gigon

The house has been laid out so as to constitute two distinct volumes: a walled entrance courtyard containing a low, transverse building designed to house the owner's private art collection, and a long narrow volume above this which contains the family's living quarters. Each of the different elements of the building has been constructed of concrete in such a way as to reveal the play of contrasts within the overall unity.

Vista exterior y plantas

Exterior view and floor plans

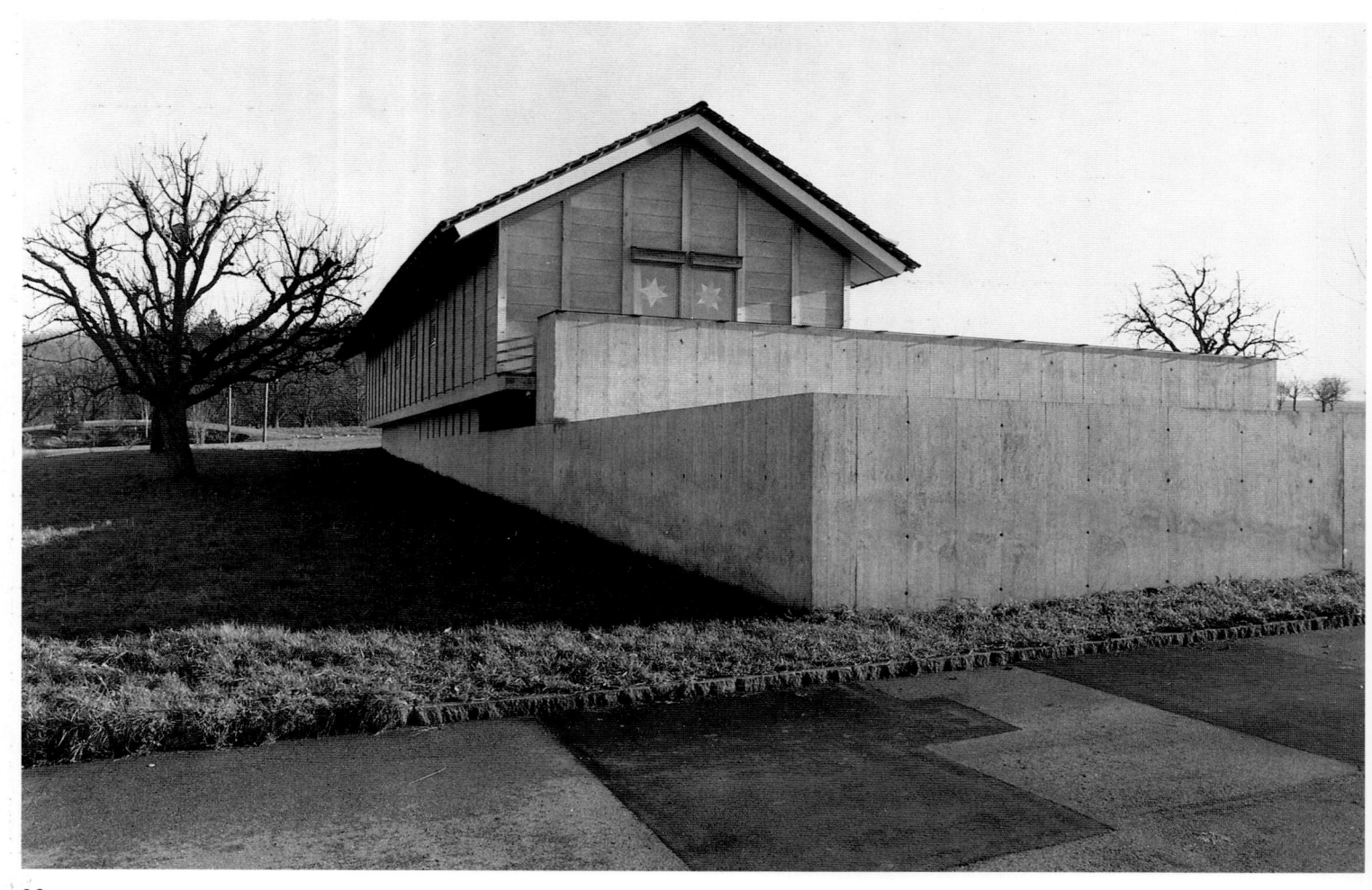

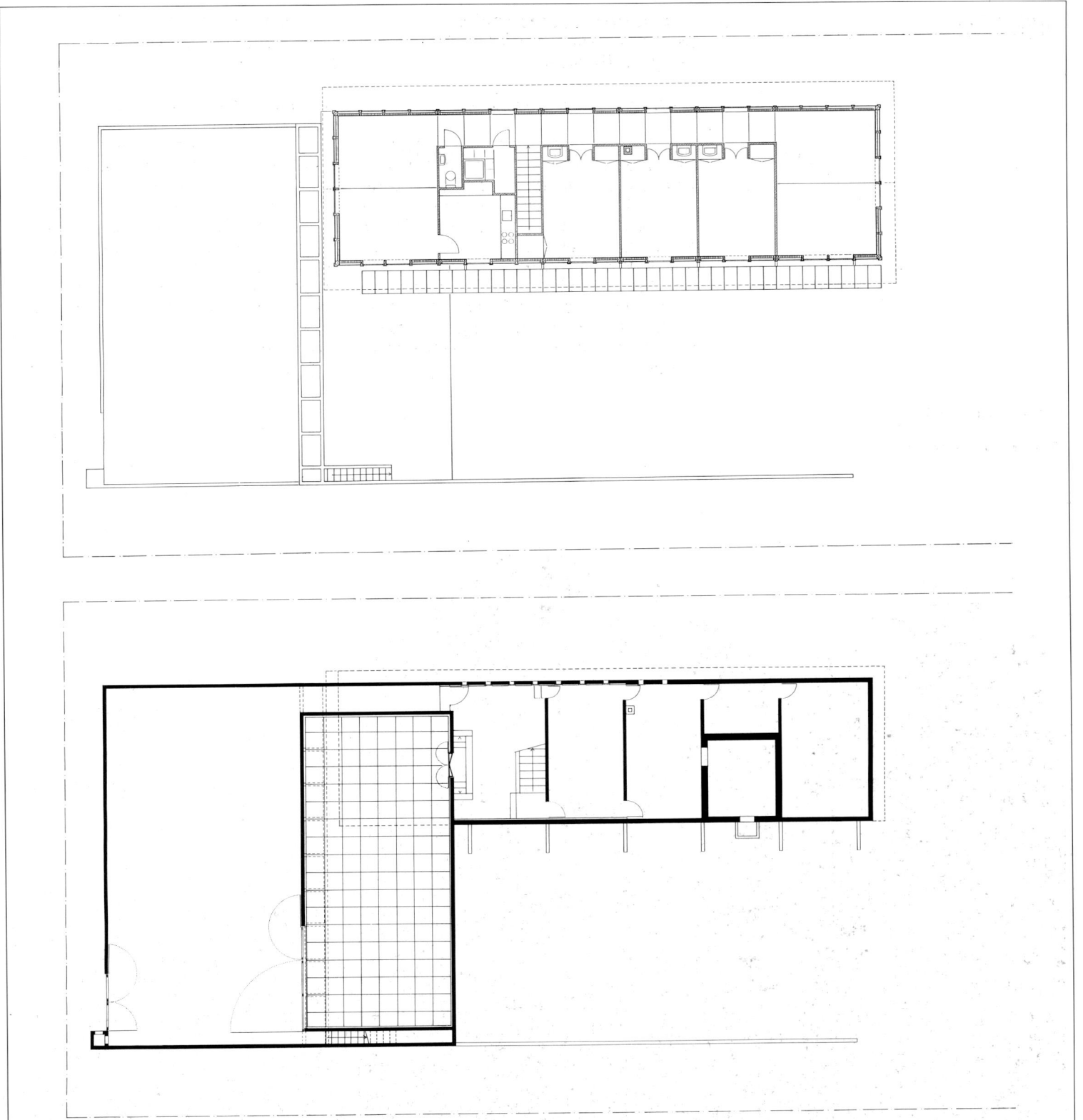

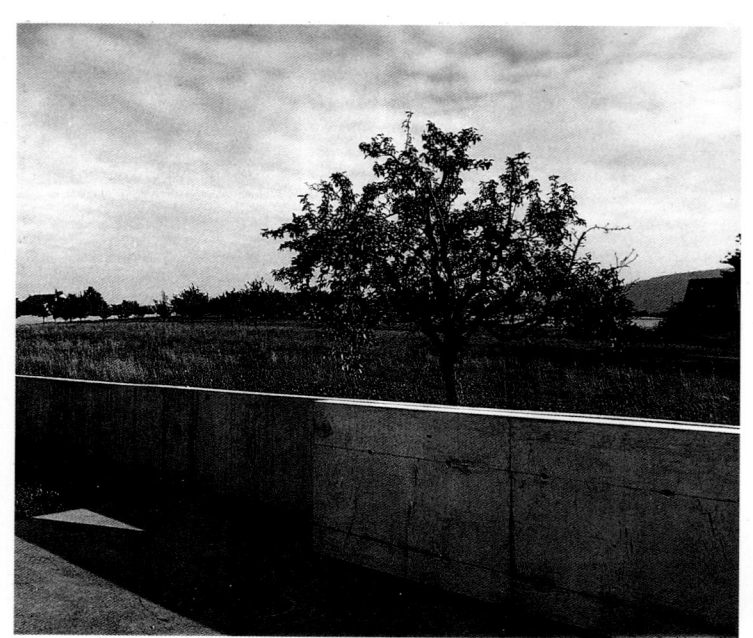
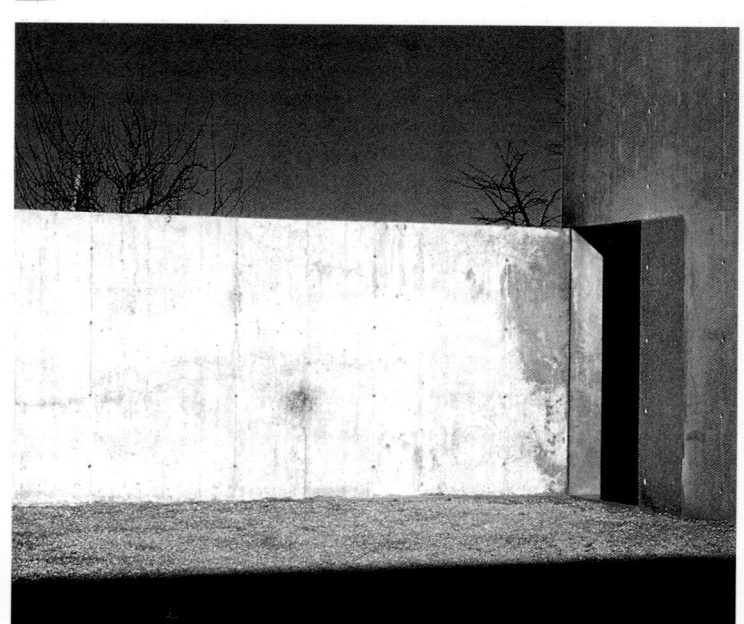

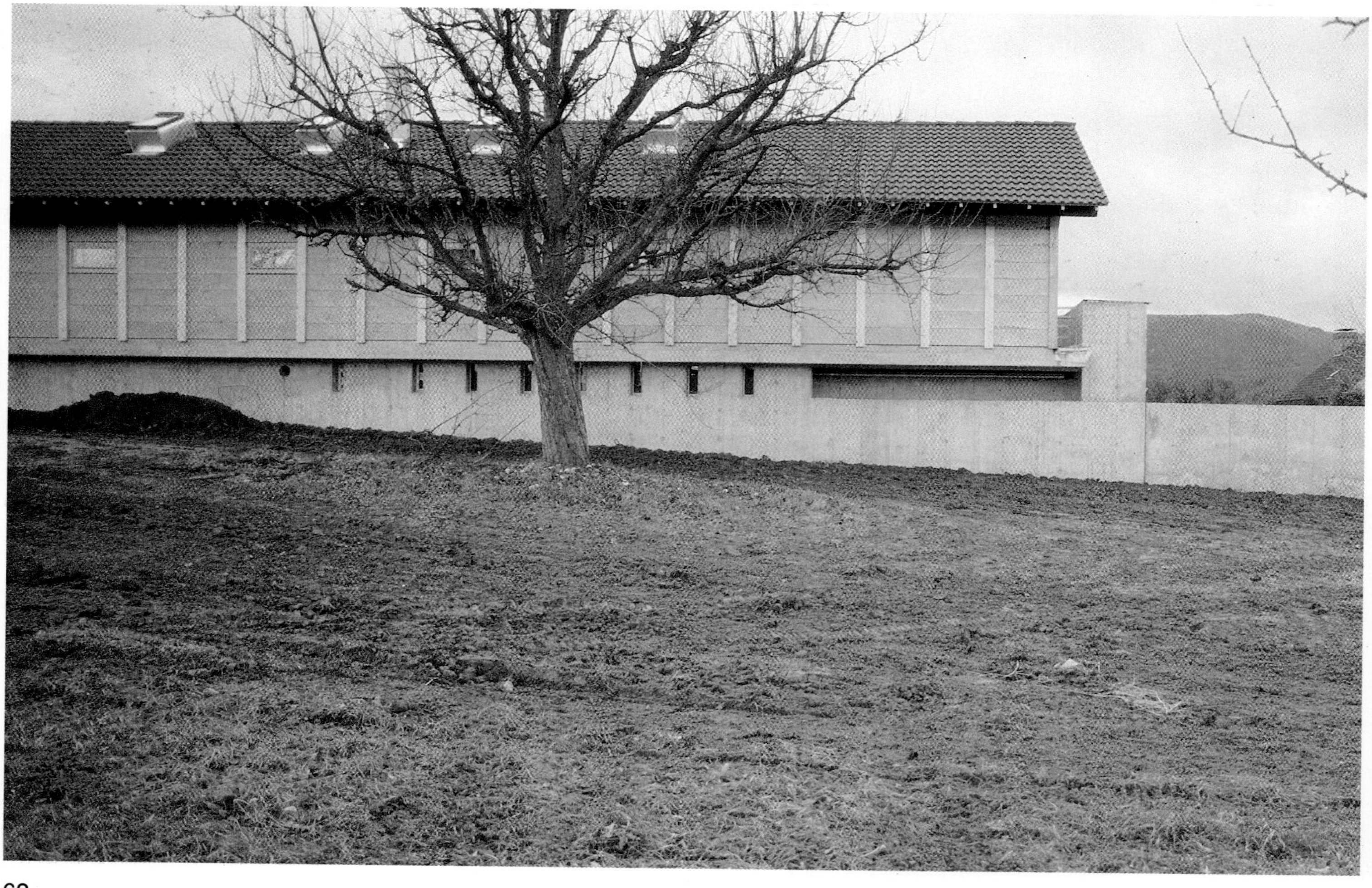

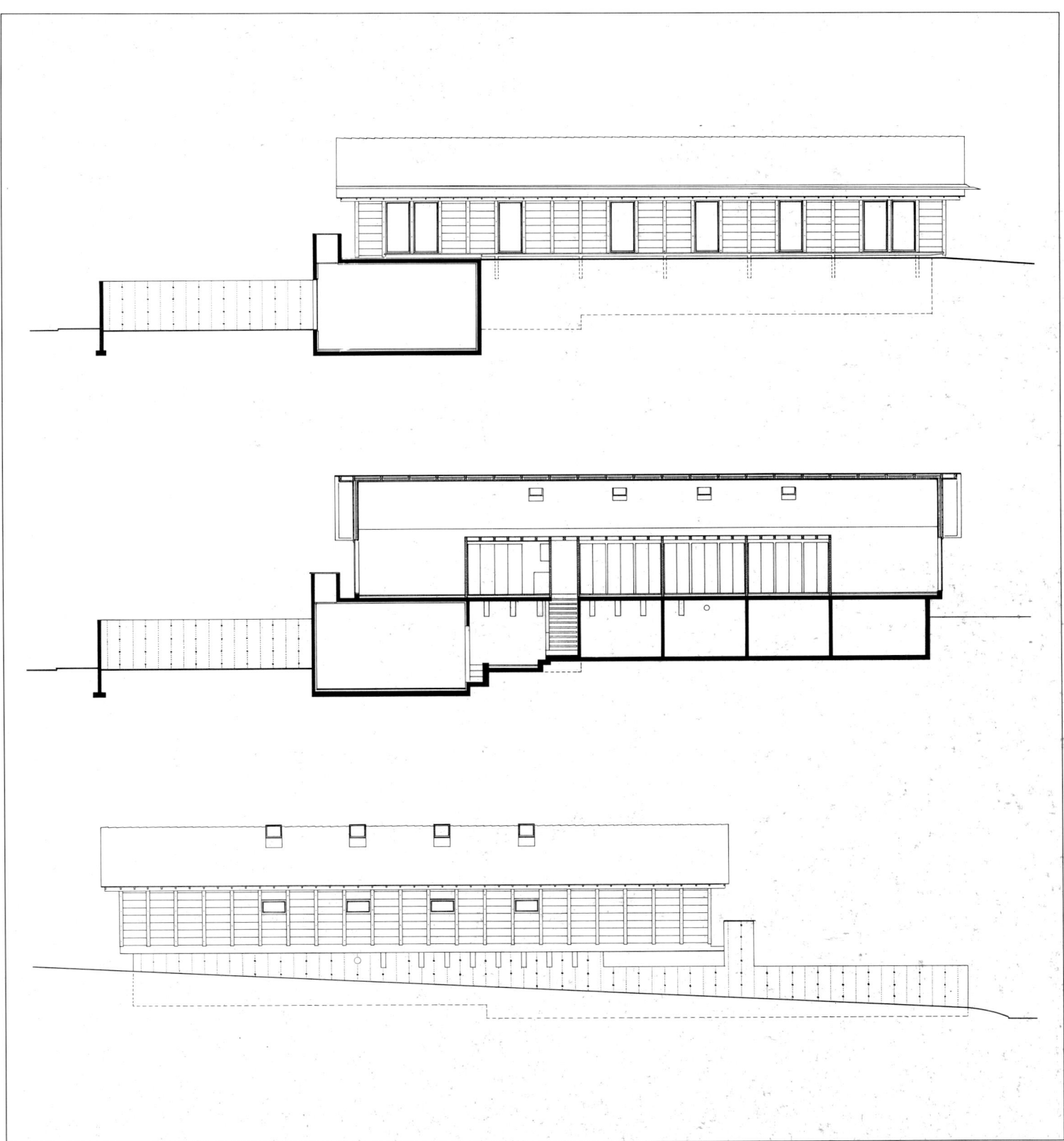

Páginas anteriores: vistas del cerramiento, vista de la fachada lateral, secciones y alzado

Preceding pages: views of the closure of the structure, view of the side facade, sections and elevation

Vista de la fachada frontal, sección y alzados

View of the front facade, section and elevations

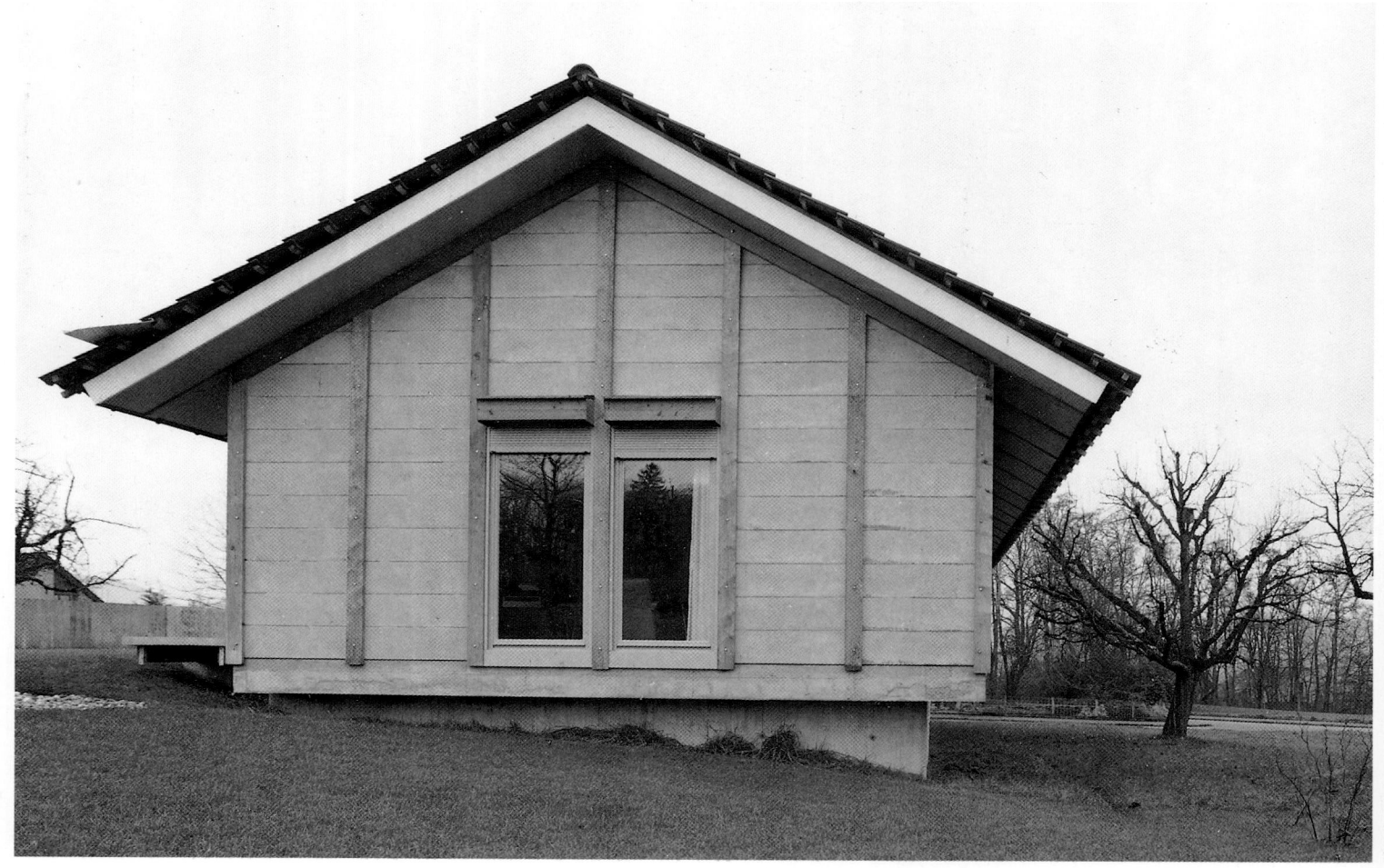

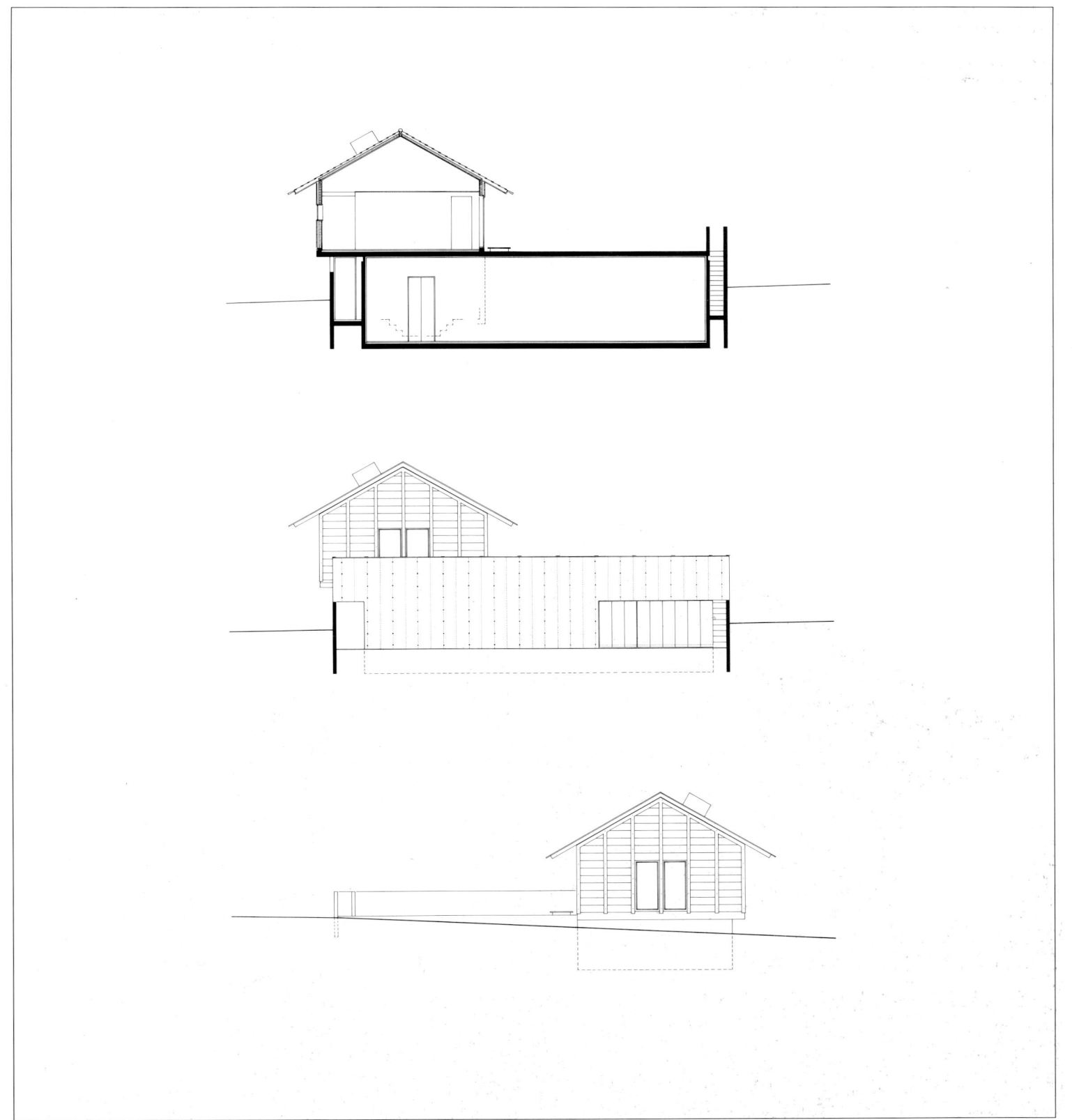

1986-1987

Almacenes "Ricola" en un antiguo puente de creta en Baselstrasse, Laufen

El interior de los almacenes se construye con estructura de acero, provisto de los equipamientos automáticos normales de almacenaje. En el exterior, la estructura está revestida de diversos materiales dispuestos horizontal y verticalmente en tiras distintas (tablas de madera y de láminas patentadas y estaño). La localización de este edificio industrial en lo que anteriormente fue un puente de creta es en sí mismo un aspecto fundamental de su arquitectura

Warehouse for Ricola on a converted chalk bridge. Baselstrasse, Laufen

The interior of the warehouses is a construction of steel girders, equipped with the conventional fully automatic storage facilities. Externally, the structure is clad in a variety of materials in horizontal and vertical strips (wooden planks, shuttering, proprietary boards and tin). The location of this industrial building, on what was formerly a chalk bridge, is itself a fundamental part of its architecture.

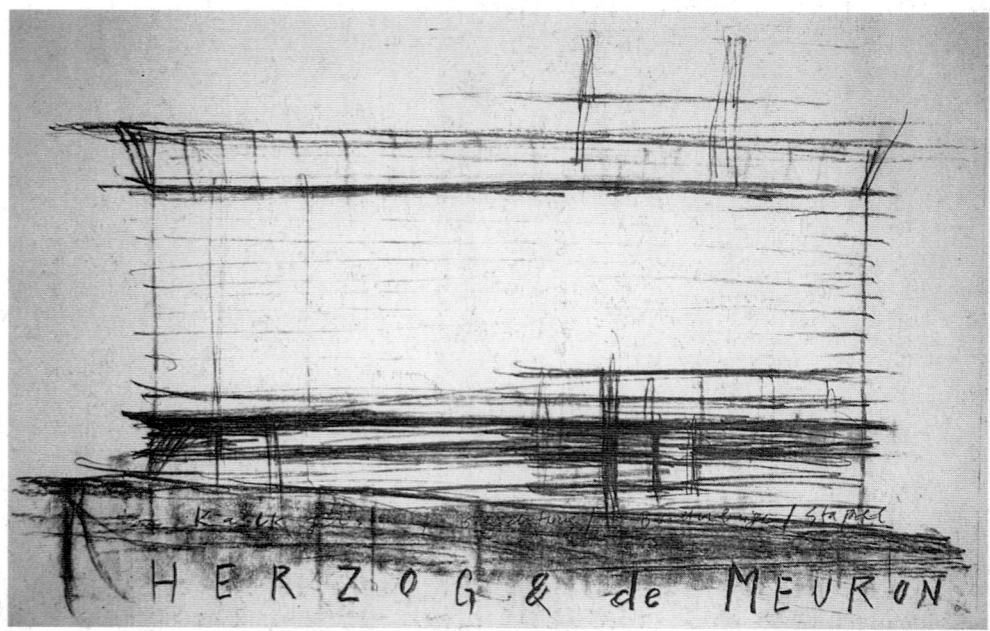

Croquis y vista lateral de la fachada

Sketch and side view of the facade

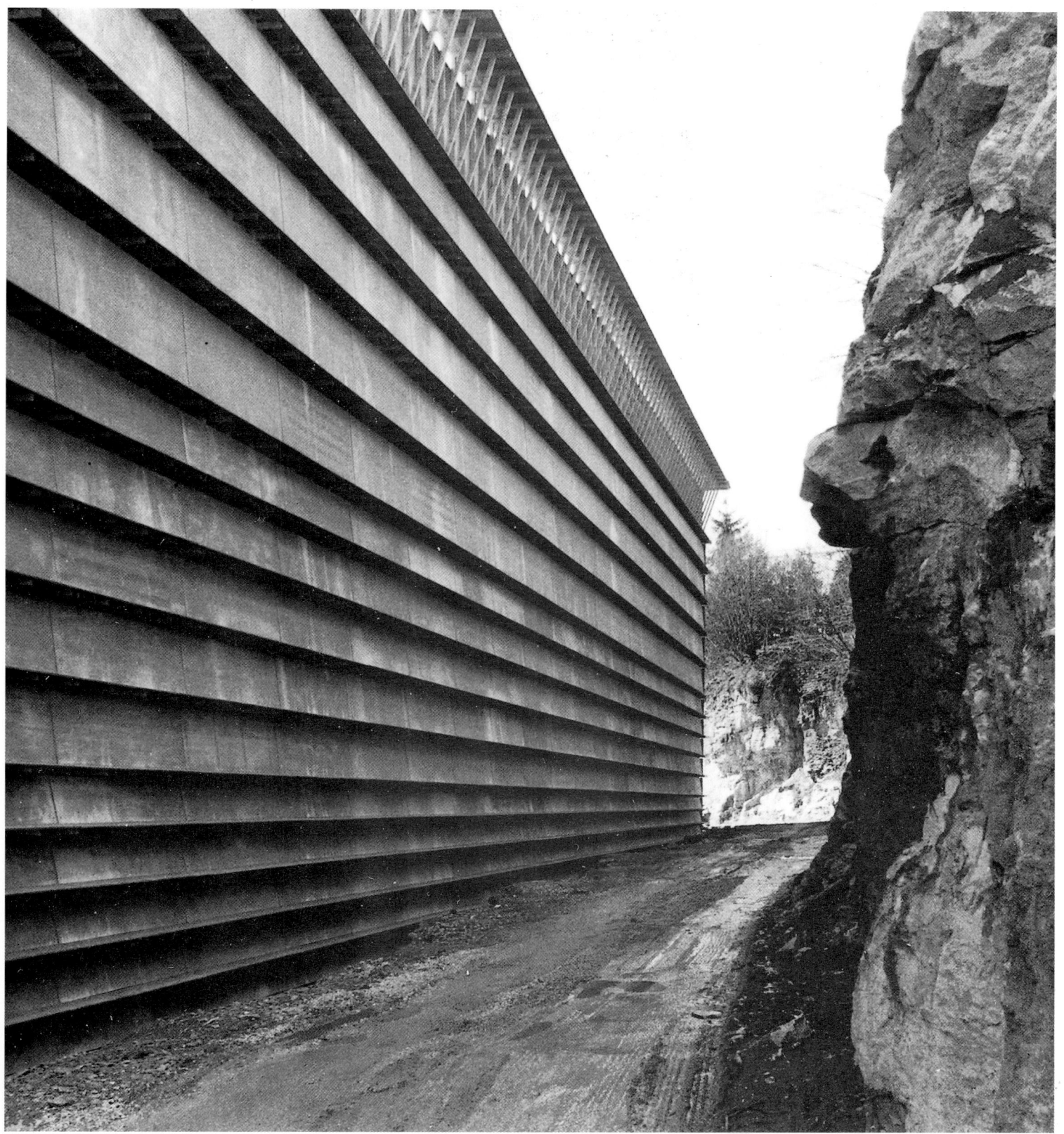

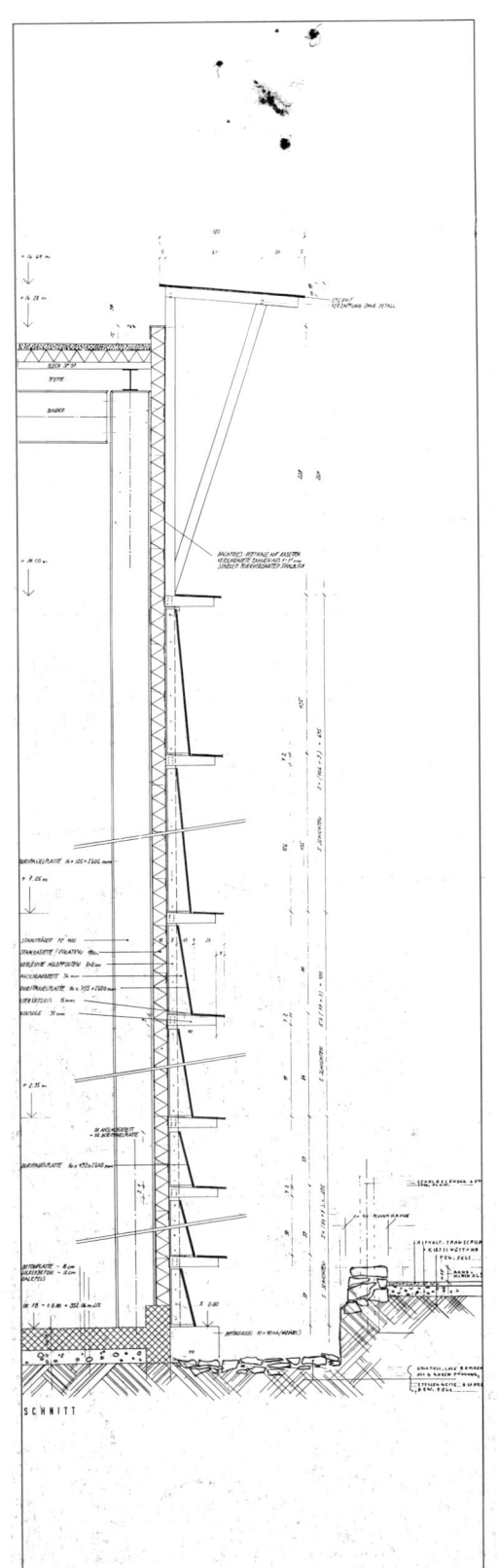

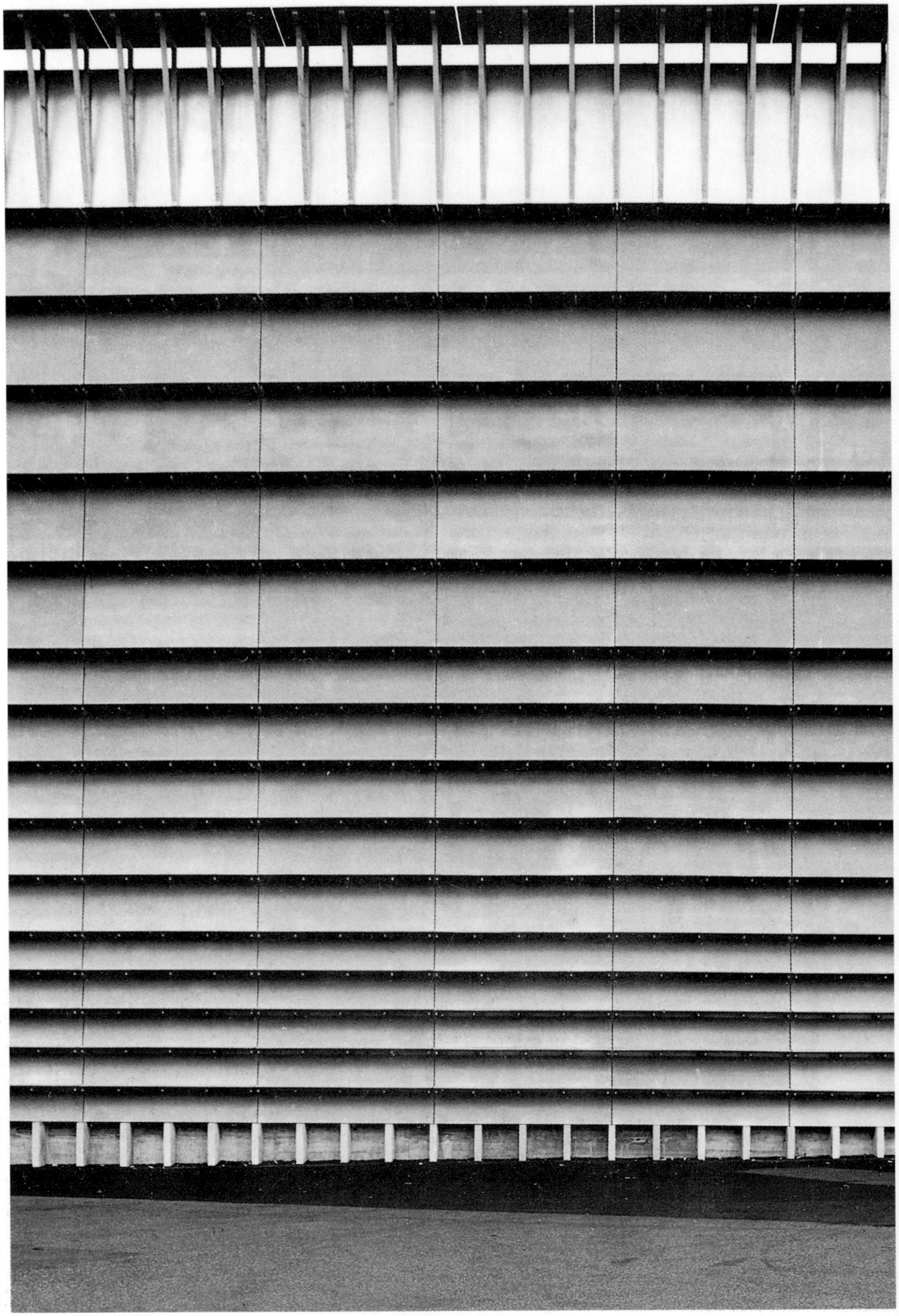

Planta, detalle constructivo y vistas de la fachada

Plan, construction detail and views of the facade

Páginas siguientes: fragmento y vista de la esquina

Following pages: partial and overall view of the corner

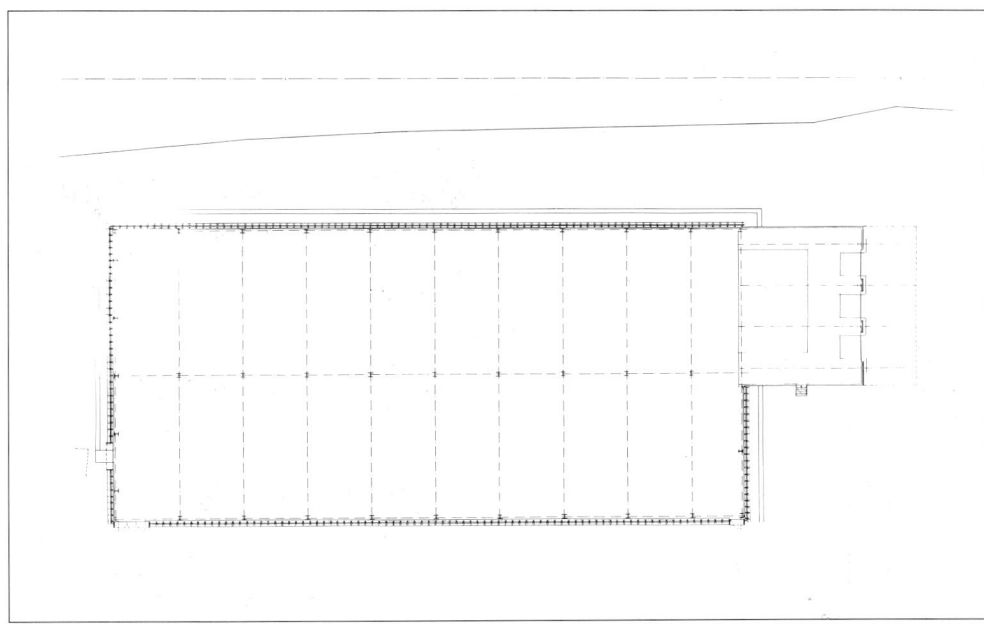

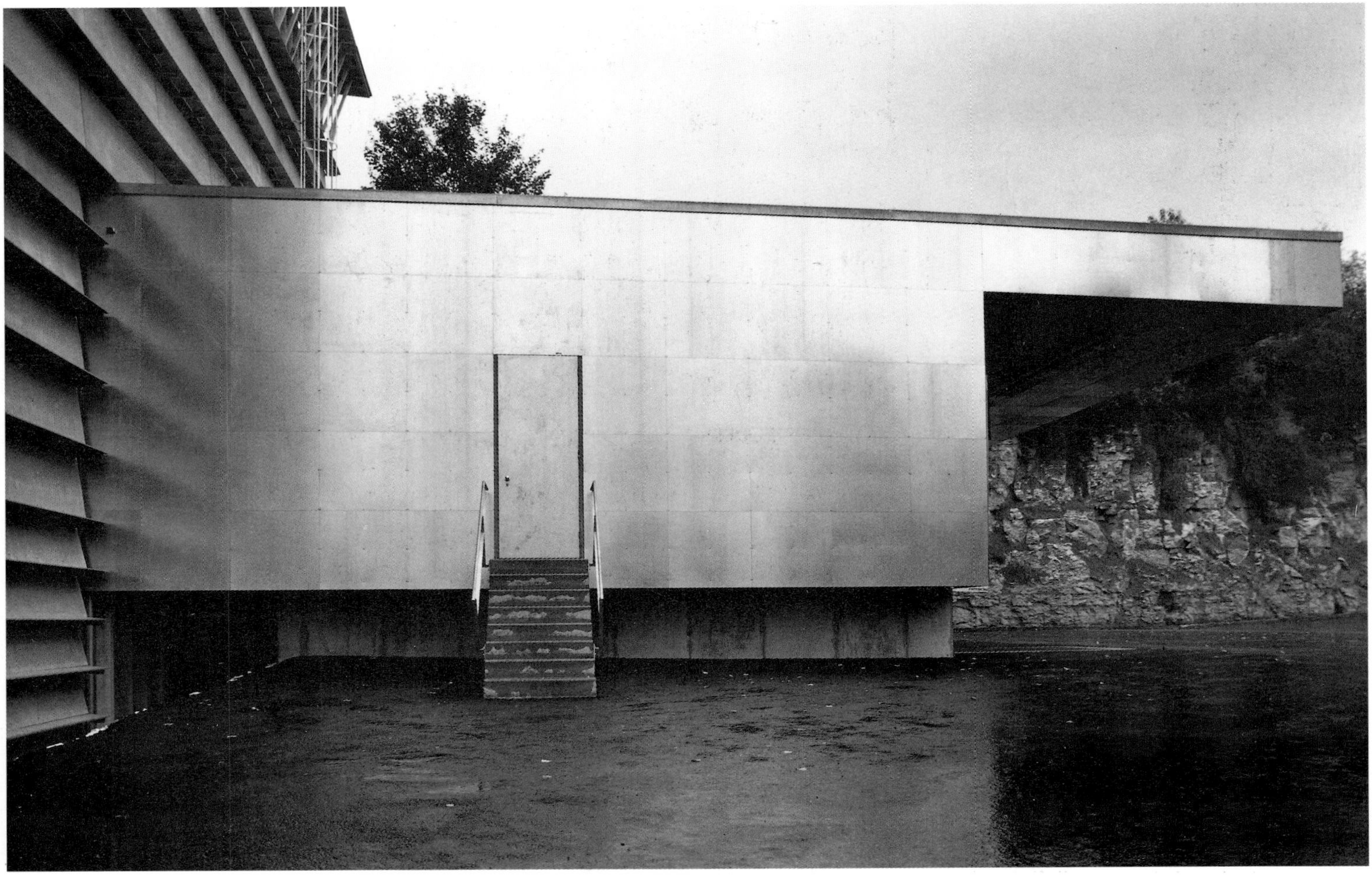

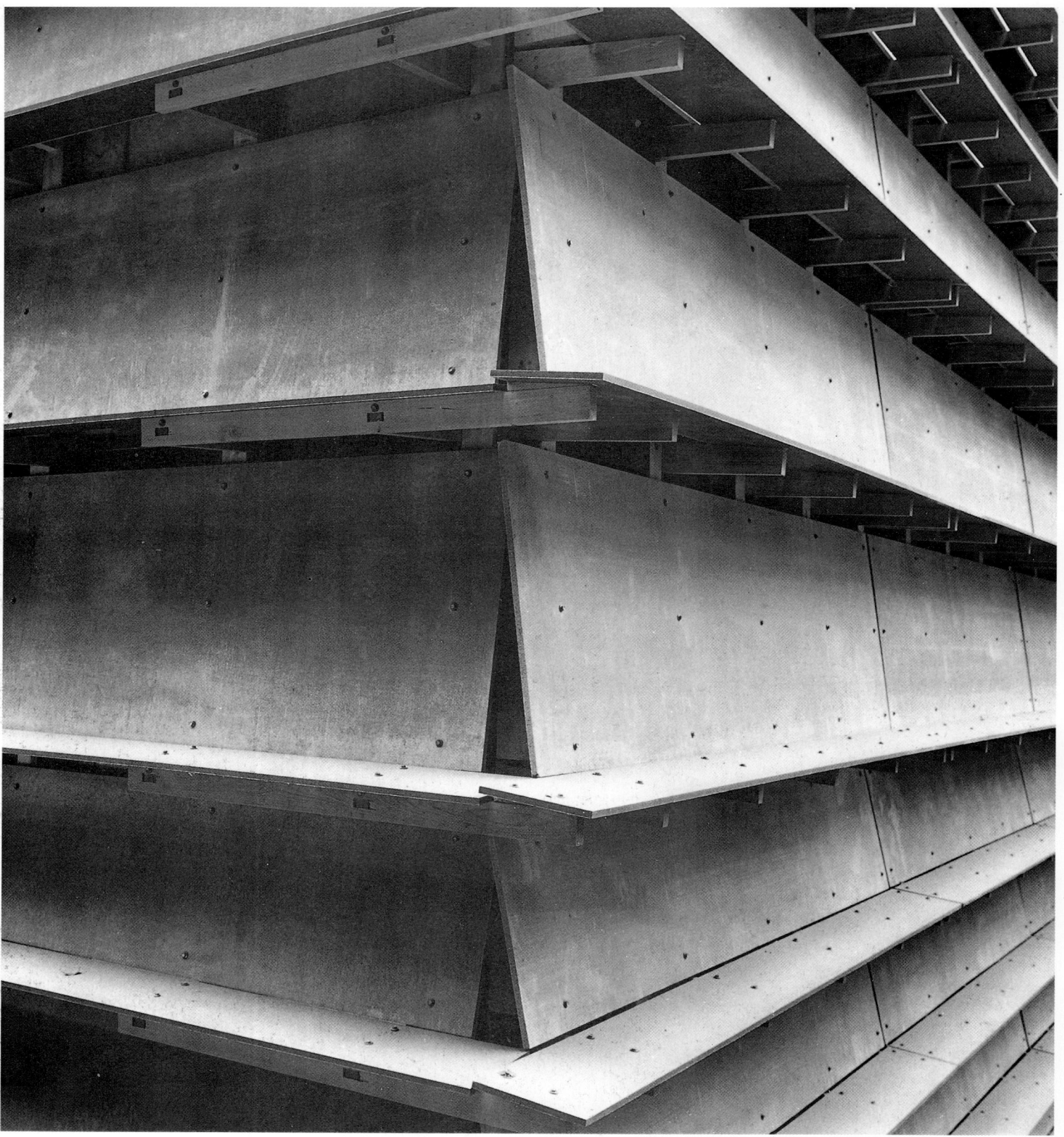

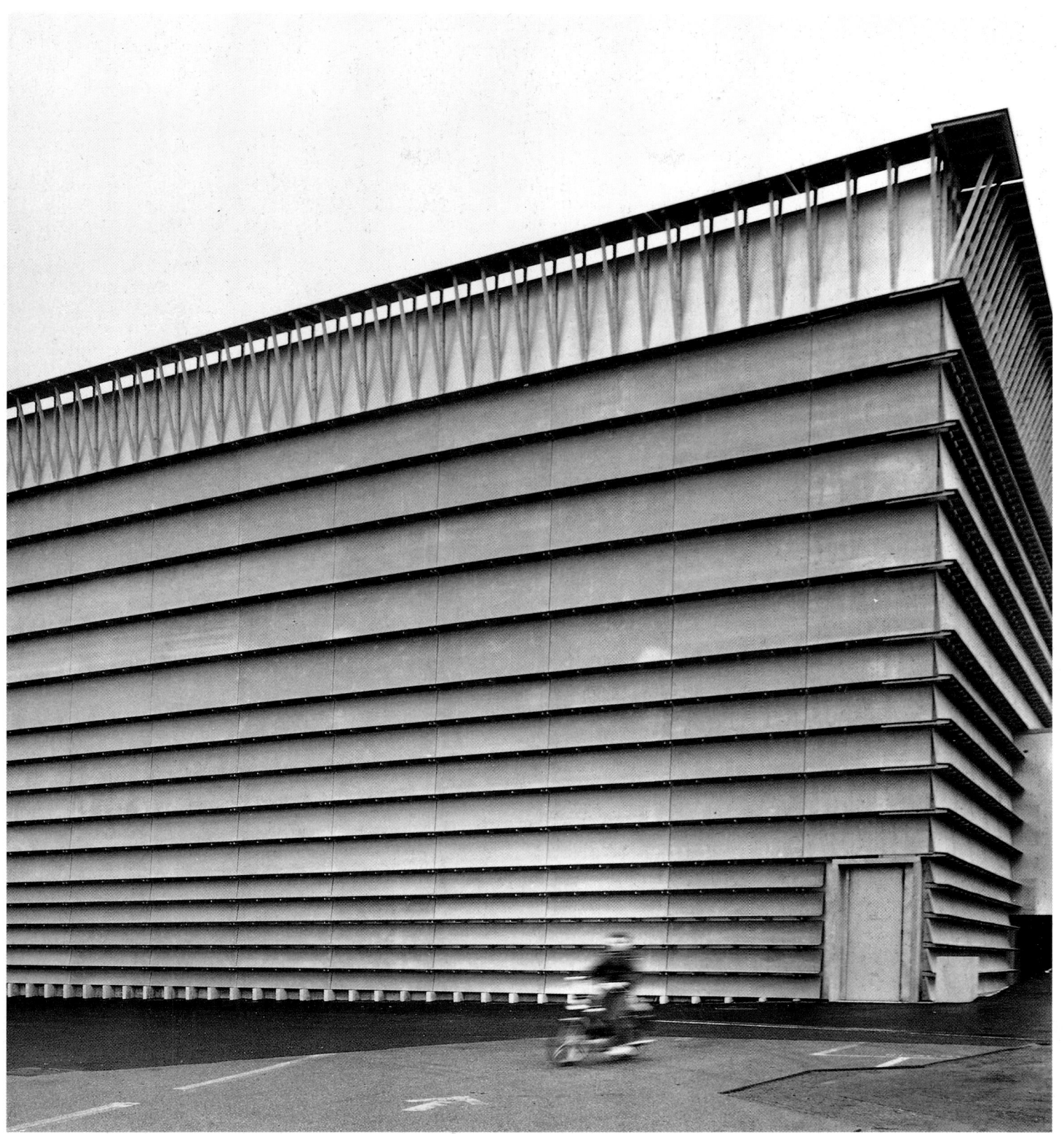

1986-1987

Piscinas al aire libre a orillas del Muhleteich en Reihen

A diferencia del proyecto de 1979 a 1982, éste propone solamente equipamientos al aire libre. Las diversas piscinas están vinculadas entre sí hasta crear una única forma, alineada a lo largo del muro de la propiedad vecina. En vez de sumergirse en el suelo, las piscinas se han construido encima de la tierra, declarándose como depósitos para la contención de agua. Los vestuarios y demás servicios tienen la forma de simples construcciones de madera, situadas debajo del borde de las piscinas.

Con esta distribución, y la resolución del volumen único y saliente, se recalcan el espacio, amplitud y extensión del paisaje de campos cultivados.

Open air swimming pools by the Muhleteich in Reihen

Unlike the previous project, carried out between 1979 and 1982, this scheme is for an outdoor facility alone. The different pools are here linked together into a single form, aligned along the wall bounding the neighbouring property. Rather than being set into the ground, the pools are constructed on the surface, and explicitly declare themselves to be tanks containing water. The changing rooms, toilets and other services are in the form of simple wooden constructions situated under the rim of the swimming pools.

This layout, resolved as it is as a single, projecting volume, emphasises the breadth and openness of this landscape of cultivated fields.

Croquis y vistas de la maqueta

Sketch and views of the model

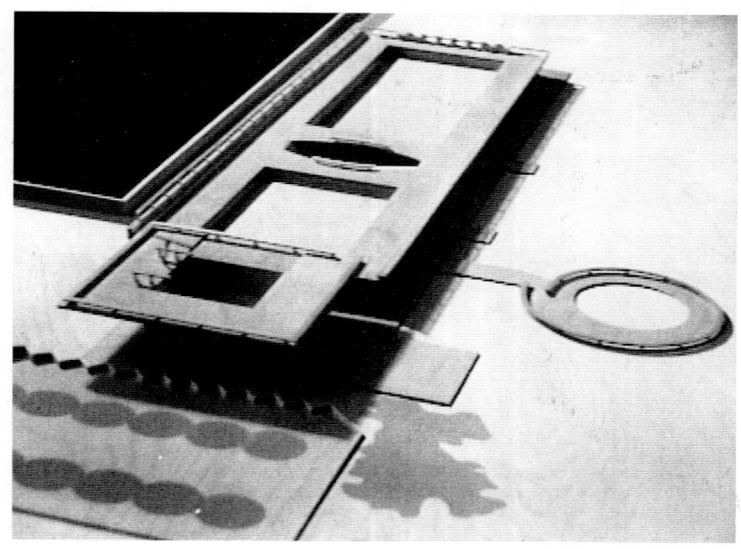
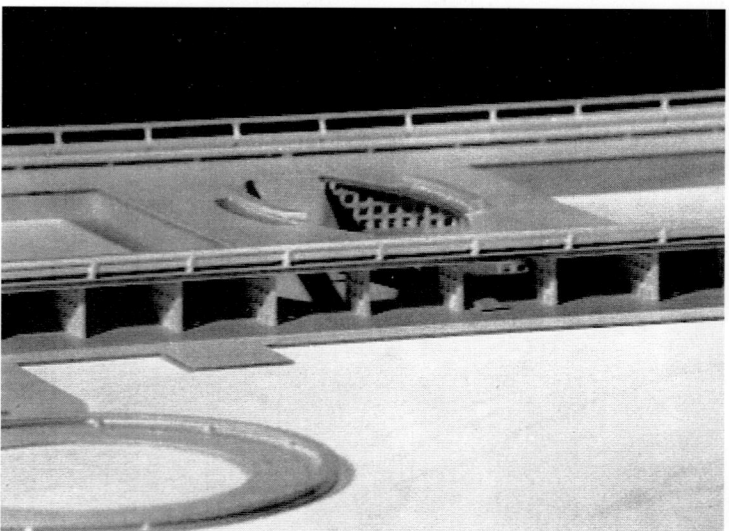

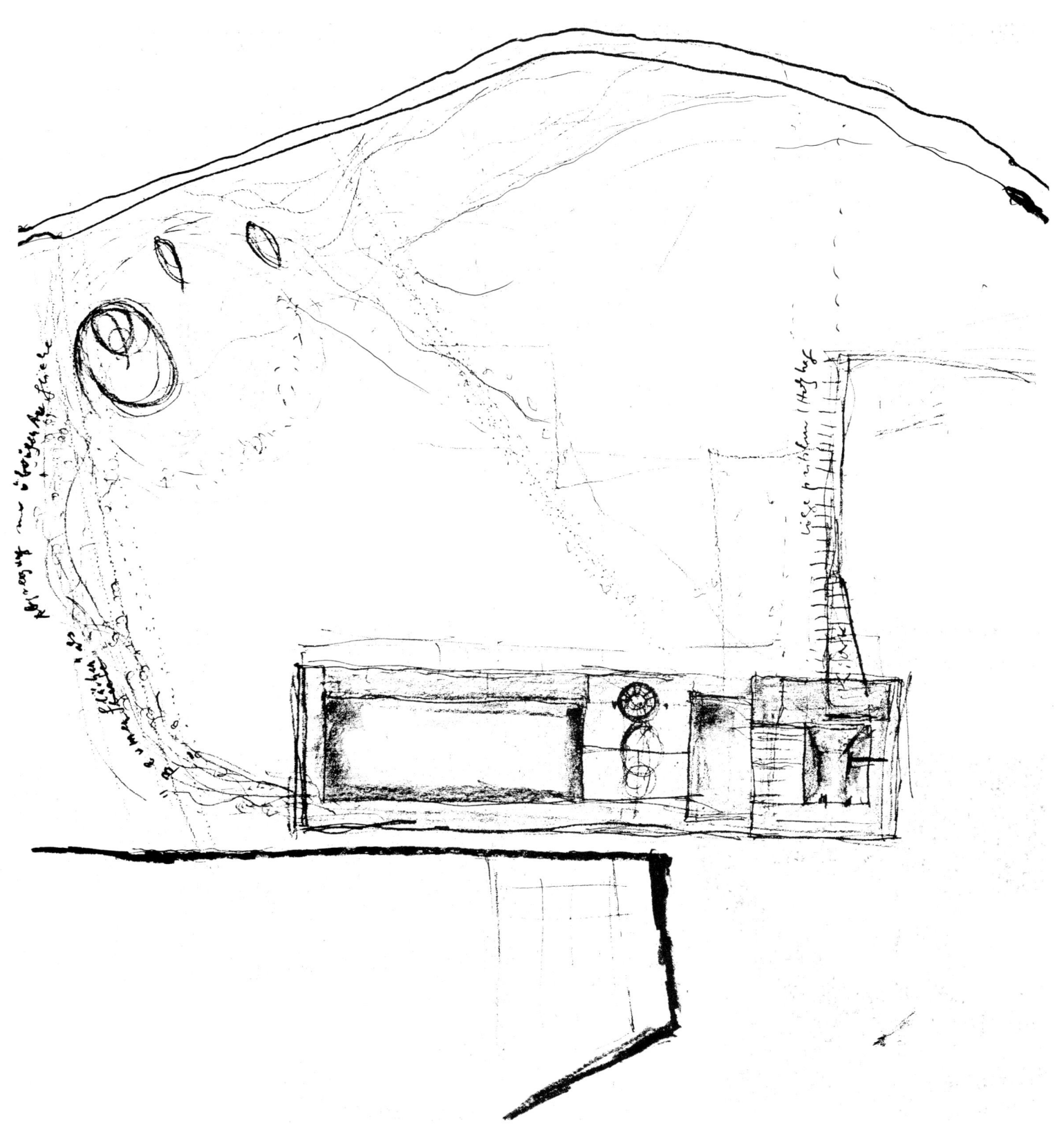

1987-1988

Urbanización ajardinada en Viena-Aspern

En colaboración con Adolf Krischanitz (Viena) y Otto Stiedle (Munich)
Colaborador: Gerold Wiederin

Situado en un terreno llano y abierto del este de Viena, este conjunto cuenta con unas 200 casas unifamiliares dispuestas en hilera. La sencillez de la forma adoptada ayuda a enfatizar el carácter abierto y espacioso de su emplazamiento. La curva de las filas de casas señala un decidido movimiento hacia el centro del conjunto, sin proporcionar demasiado significado al centro en sí. Cada equipo de arquitectos elaboró el proyecto para una de las hileras de casas.

Esta arquitectura lisa, con sus fachadas de estucados planos verticales, se basa en la percepción y orientación lineal de la curva de las hileras.

Garden suburb in Vienna-Aspern

Jointly with Adolf Krischanitz (Vienna) and Otto Stiedle (Munich)
Collaborator: Gerold Wiederin

Situated in a flat, open area in the east of Vienna, this development consists of some 200 family houses laid out in rows. The simplicity of the form adopted serves to emphasise the open, spacious character of the setting. The curving of the rows of houses marks a pronounced movement inwards towards the centre of the complex, yet manages not to give undue weight to the centre. Each of the three architectural practices involved worked on the project for one of the rows of houses.

The smoothness of the architecture, exemplified by the rendered vertical planes of the facades, is concentrated in the perception and orientation of the curving linearity of the rows of houses.

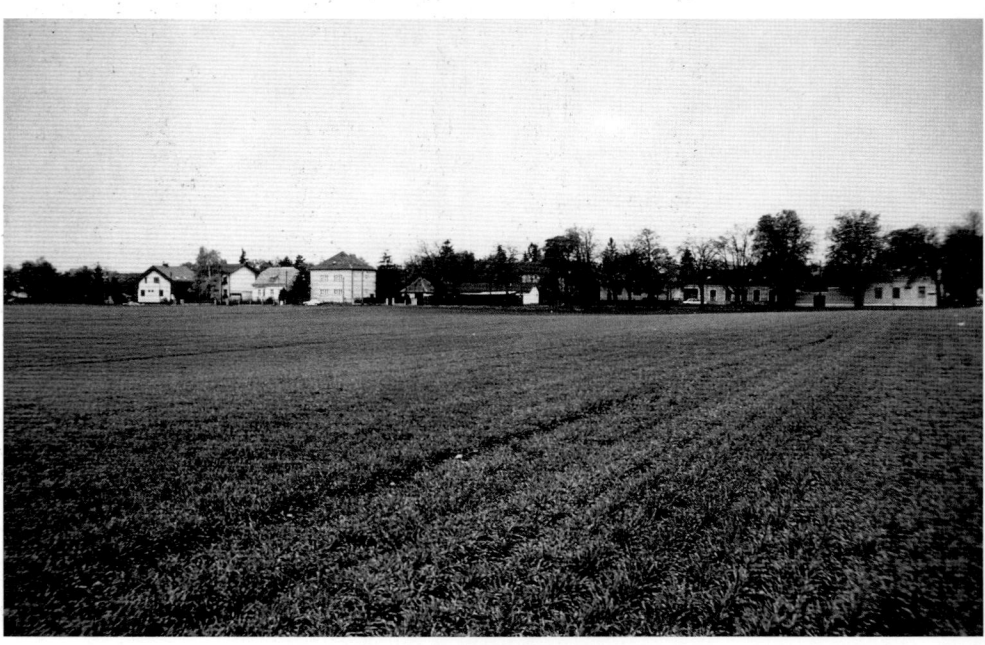

Vista del lugar y croquis

View of the site and sketch

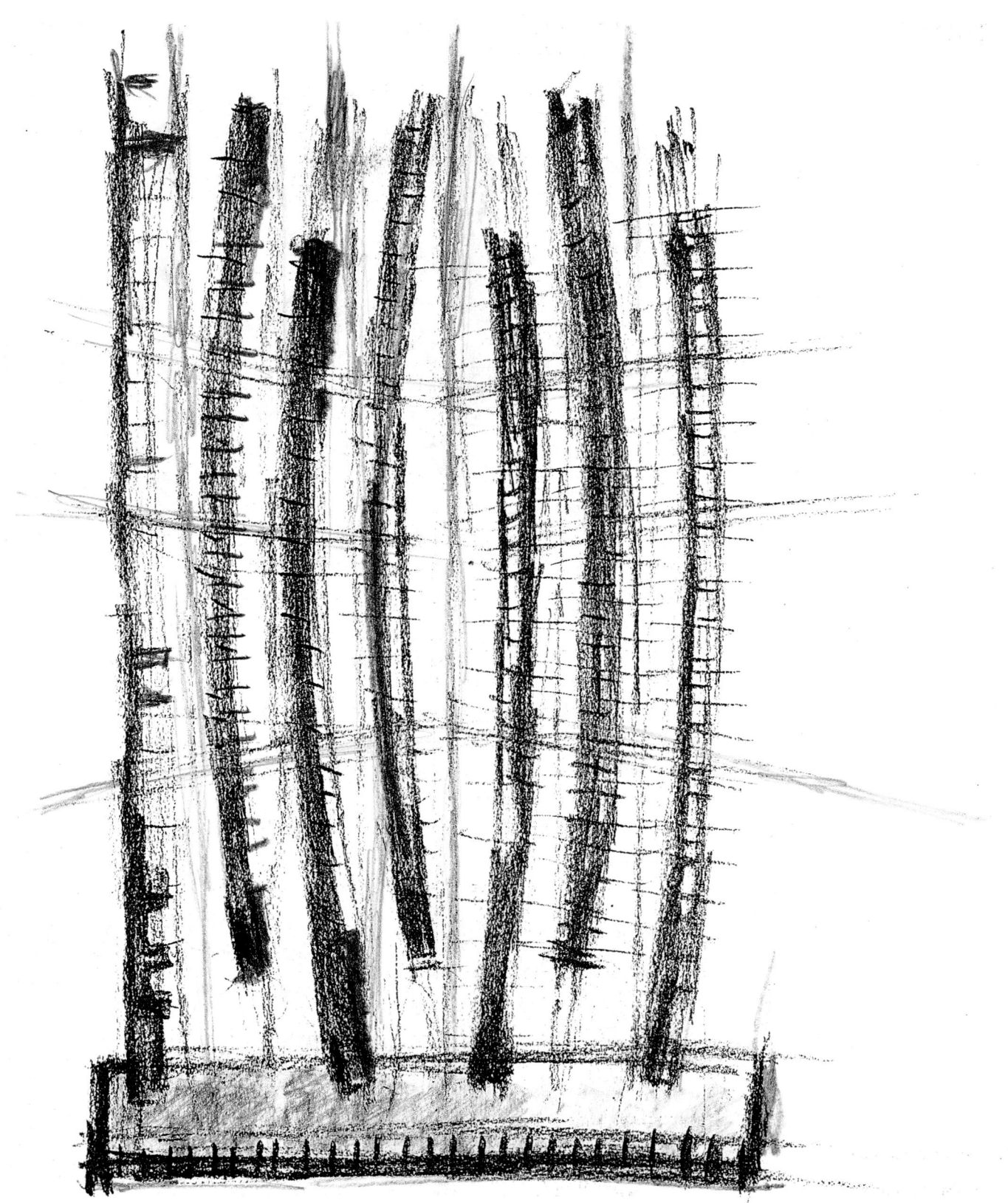

Plano de situación, plantas, alzados y sección

Site plan, plans, elevations and section

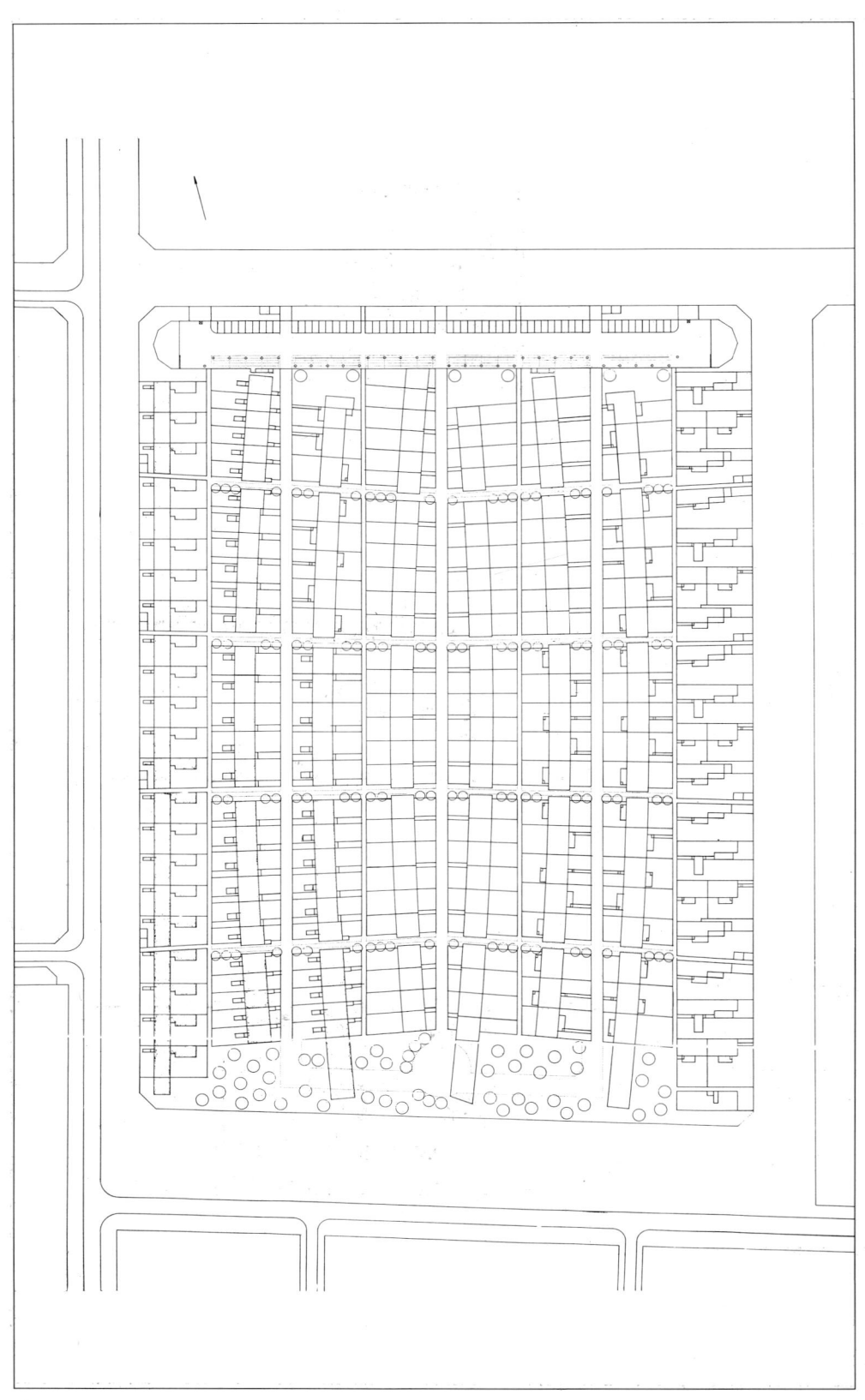

Páginas siguientes: Plantas, alzados y secciones

Following pages: plans, elevations and sections

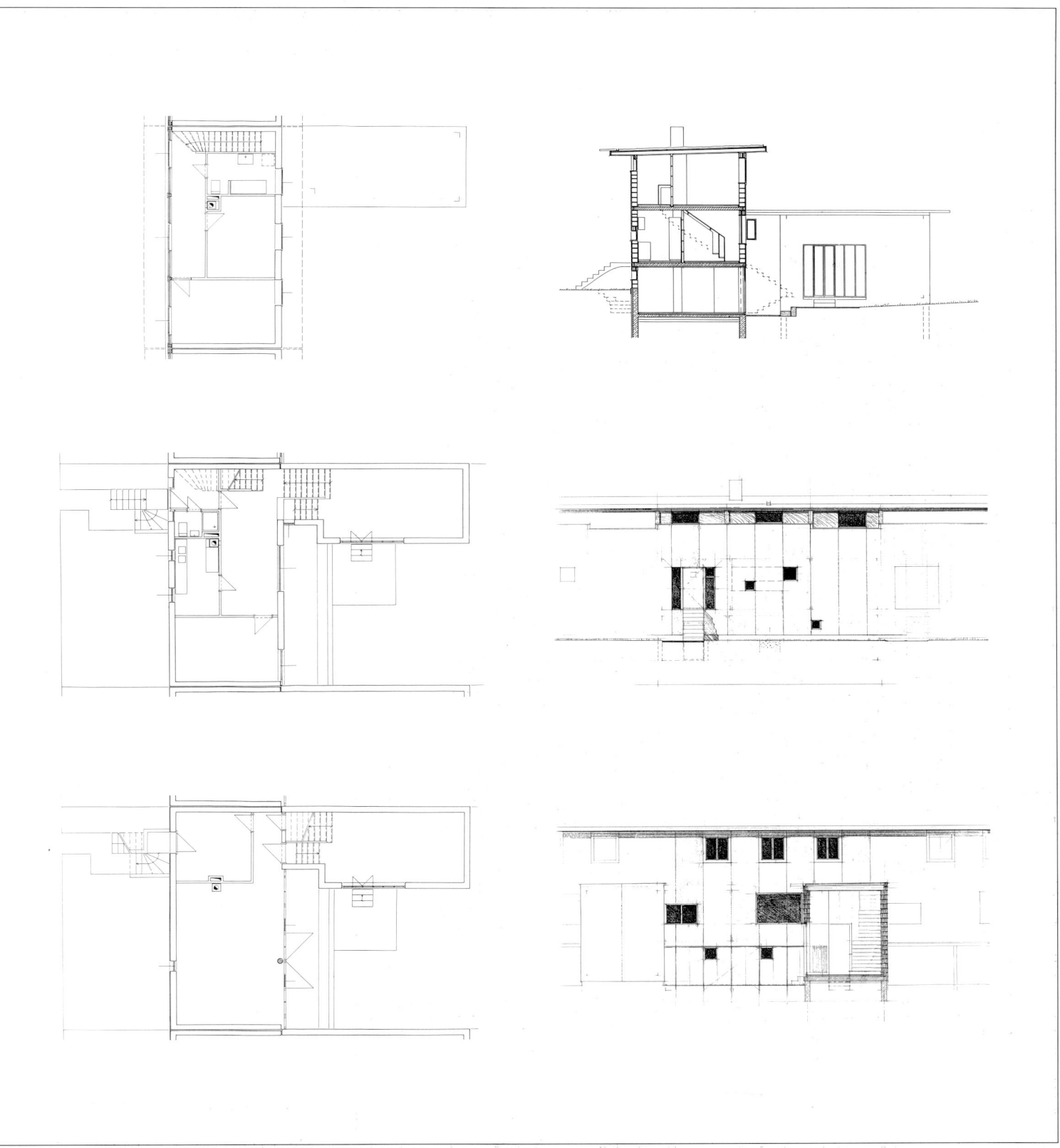

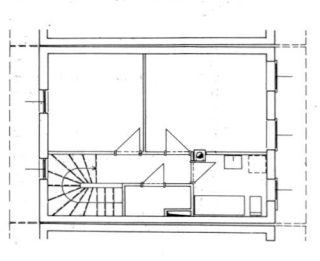
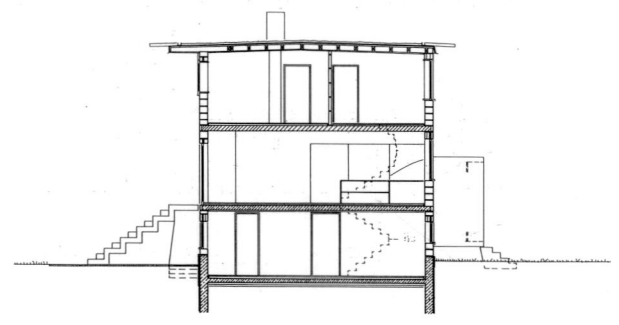
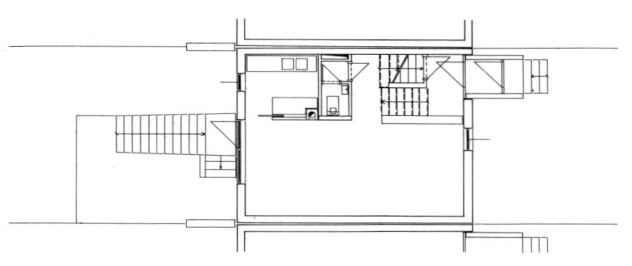
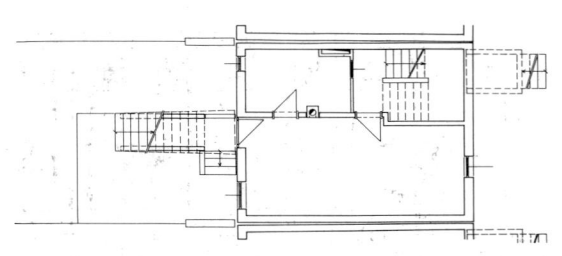
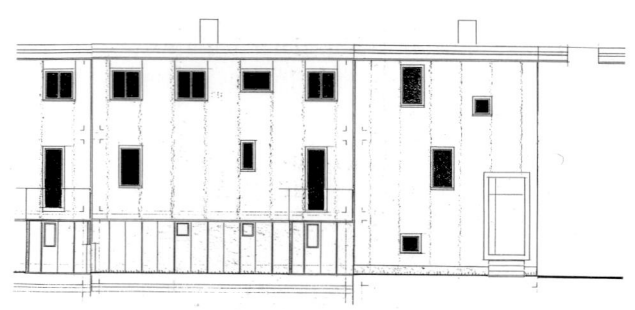

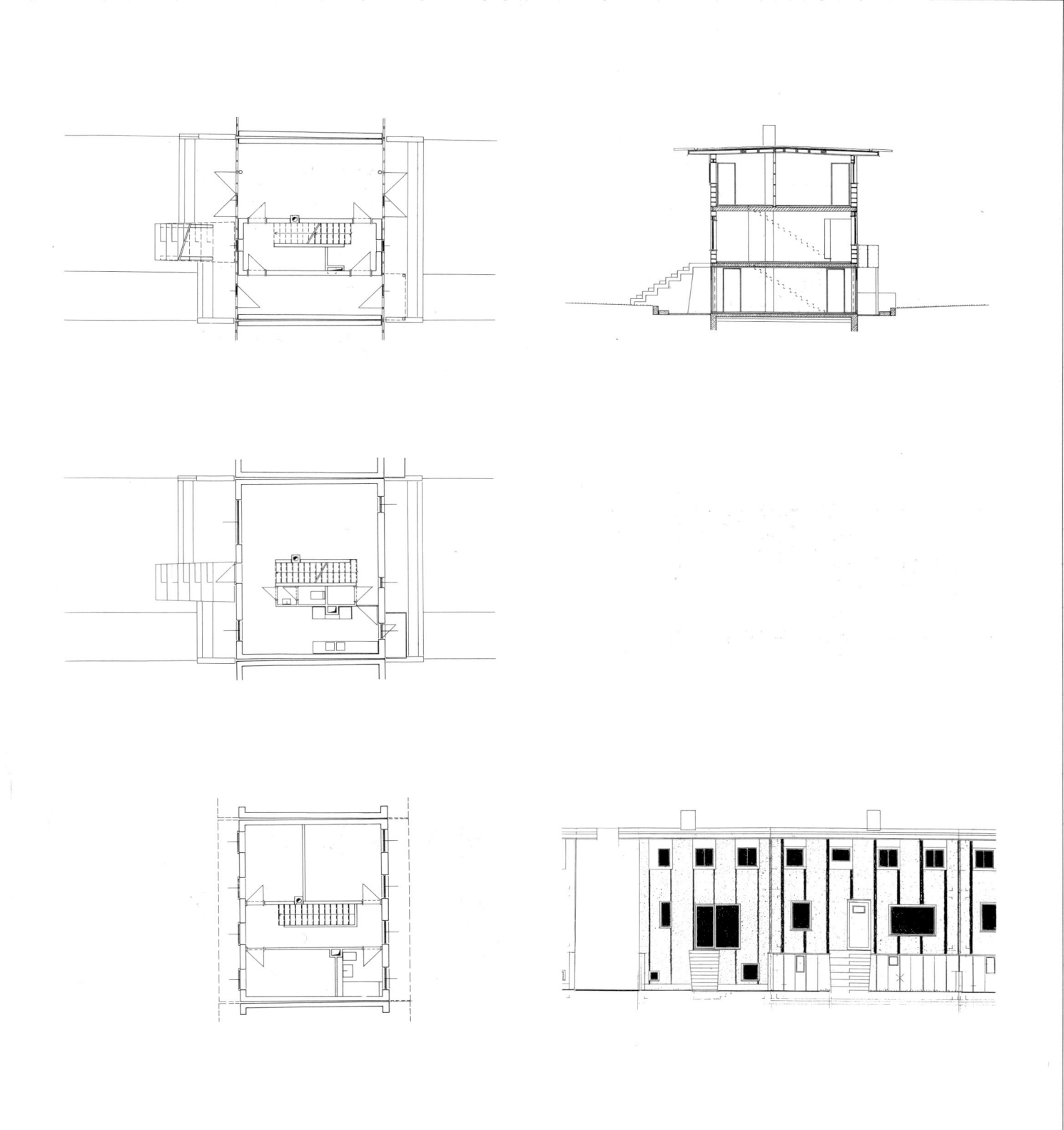

1988

Casa grande y parque en Schwarz-Park, Gellerstrasse, Basilea

Concurso y proyecto modificados
Colaborador: Dieter Gysin

El emplazamiento del edificio es un extenso parque arbolado en el borde de la ciudad del siglo XIX, su topografía caracterizada por una meseta delimitada por una vega a orillas del río. El concepto urbanístico concentra la masa del edificio a lo largo de la calle, encima de la meseta, sin invadir la disposición existente del parque. El volumen destacado de esta forma maciza expresa la geometría de su borde mas allá del parque y hasta la vega. Esta forma se entiende en gran parte a base de su relación con el imponente volumen cercano del hospital de Bethesda

Large house and park Schwarz-Park, Gellerstrasse, Basle

*Competition and revised project
Collaborator: Dieter Gysin*

The site for the building is an extensive wooded park on the edge of the 19th century city, its topography characterised by a plateau bordered by a flat water-meadow by the river. In urban design terms, the conception behind the project centres on the siting of the mass of the building along the line of the street, on the plateau, without encroaching on the existing layout of the park. The projecting volume of this massive built form carries the geometry of the boundary beyond the park and into the meadow. The intelligibility of this form is also to a large extent determined by its relationship with the large neighbouring volume of the Bethesda hospital.

Plano de situación y vista de la maqueta

Site plan and view of the model

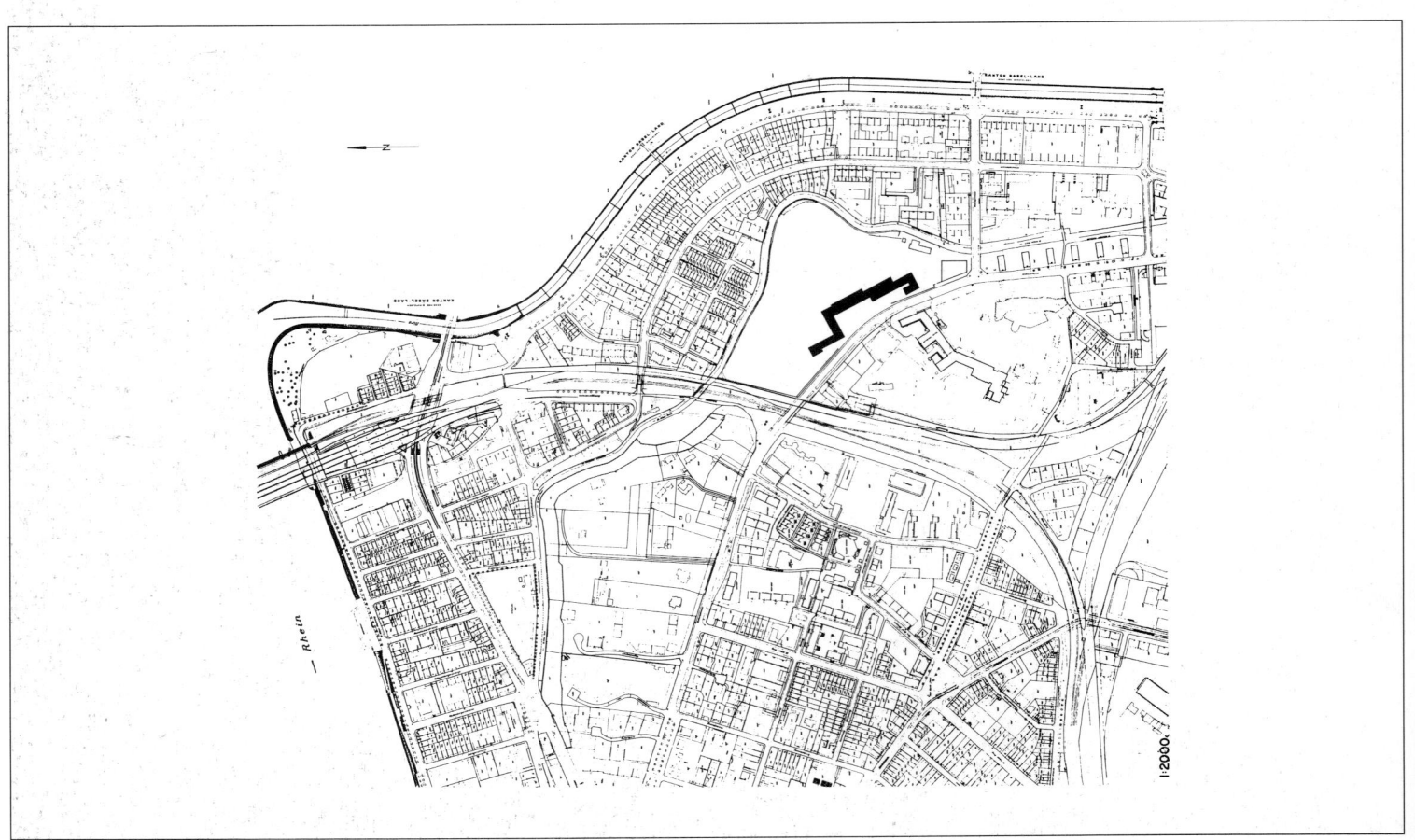

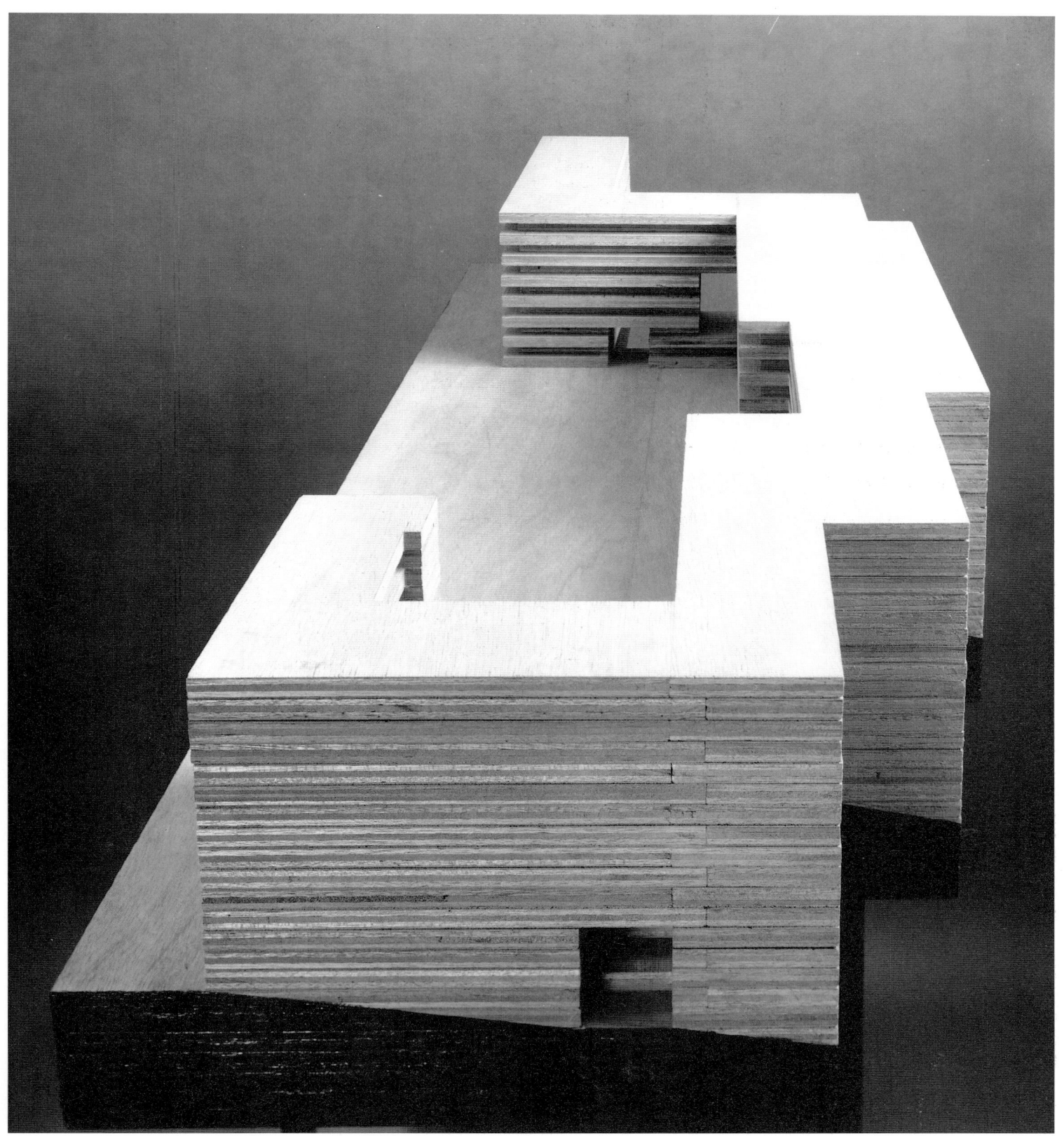

Planta, vista de la maqueta y alzado

Plan, view of the model and elevation

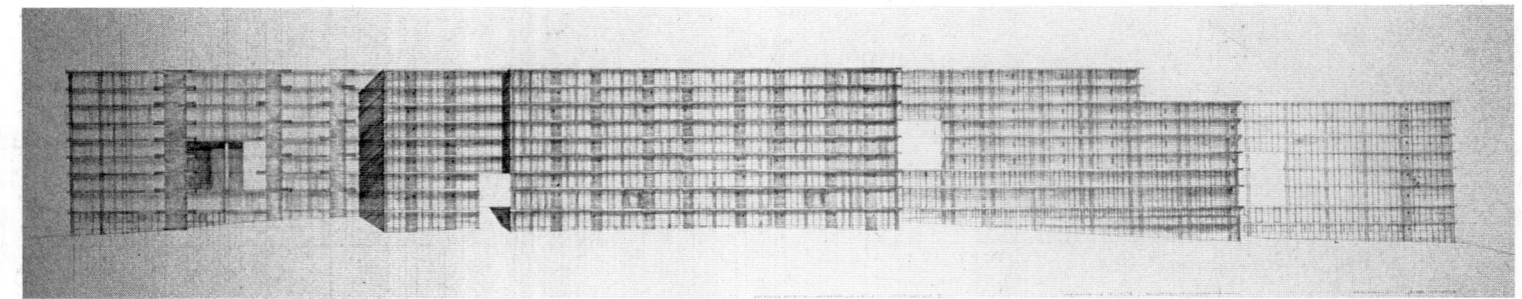

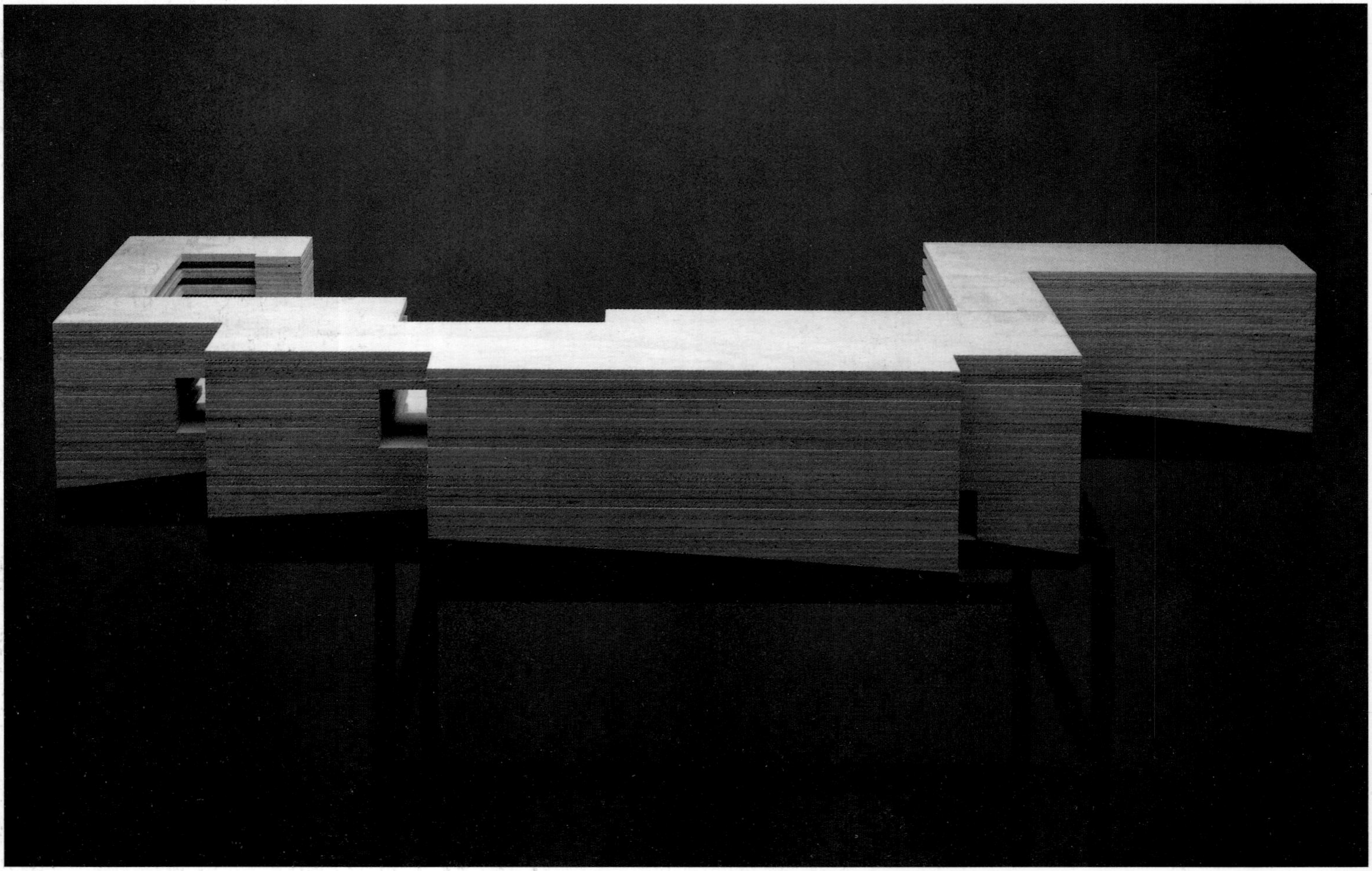

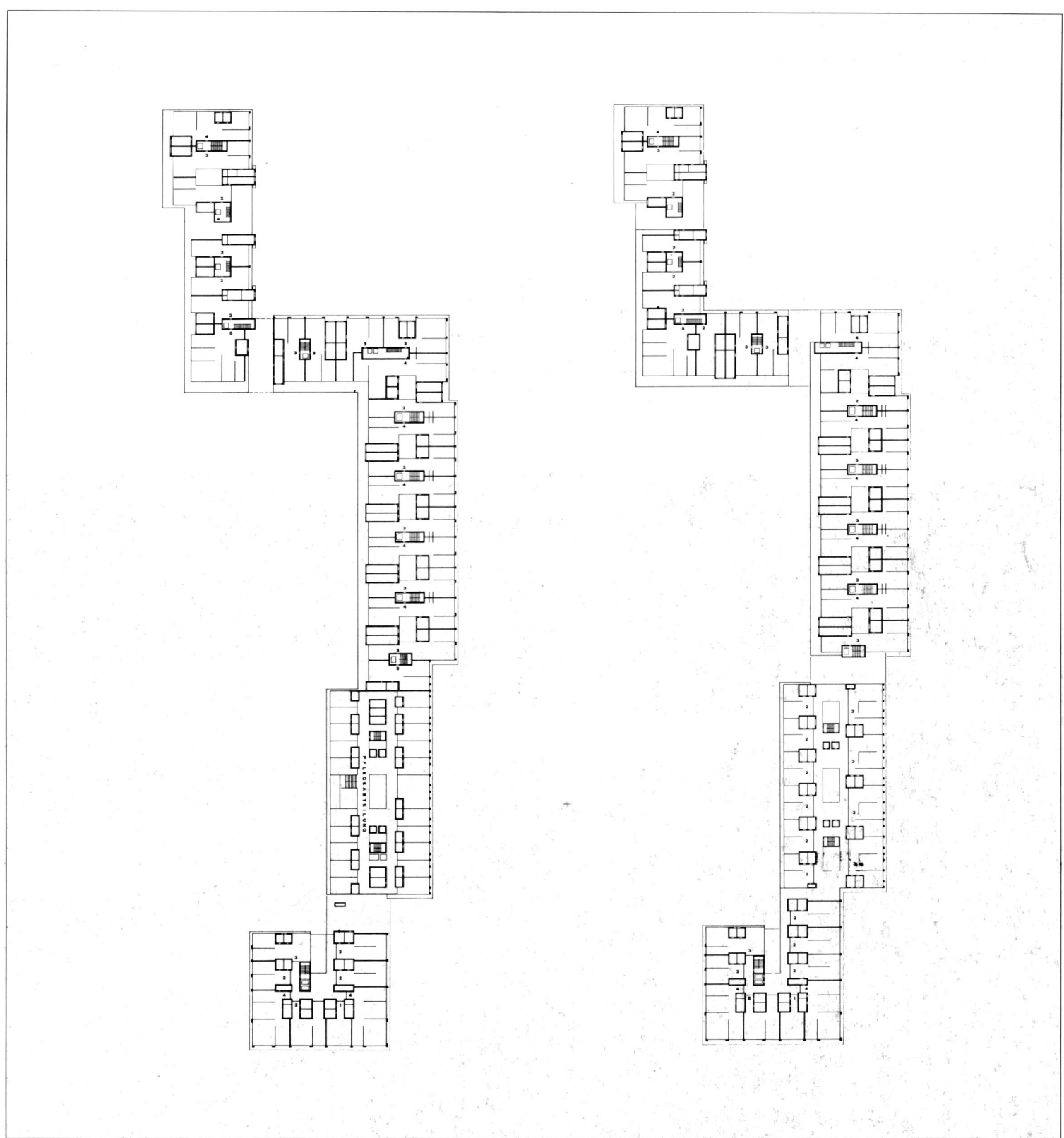

Otros trabajos/*Other Works*

1979   Anteproyecto para la plaza del mercado en Basilea. Concurso. Con Cyril Kazis
1ª modificaciones: 1982
Proyecto de alumbrado para el centro de la ciudad: 1982
2ª modificaciones: 1985

Sketch design for the market square in Basle. Competition. With Cyril Kazis
Ist modification: 1982
Lighting scheme for the inner city: 1982
2nd modification: 1985

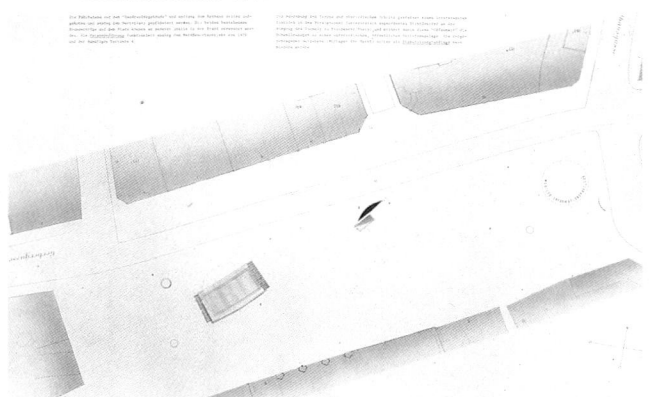

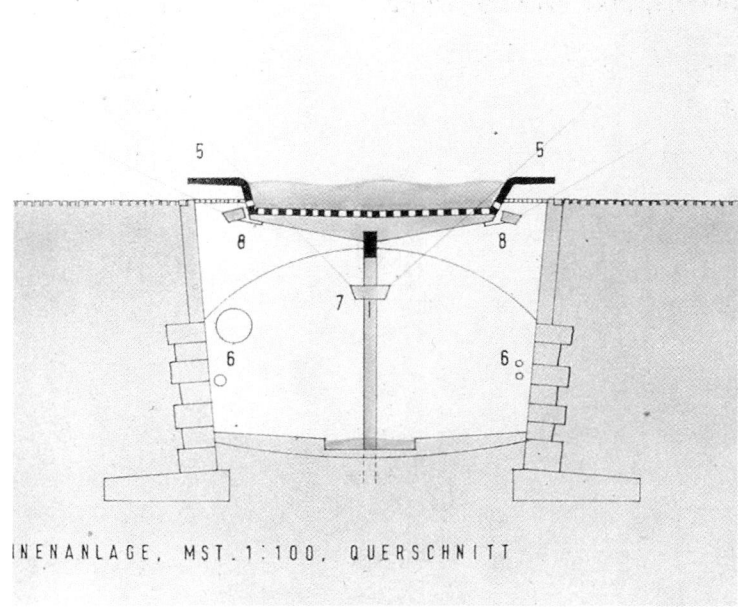

1979 - 1980   Casa azul
Reservoirstrasse 16, Oberwil (cerca de Basilea). Con Dieter Jungling

Blue house
Reservoirstrasse 16, Oberwil (near Basle). With Dieter Jungling

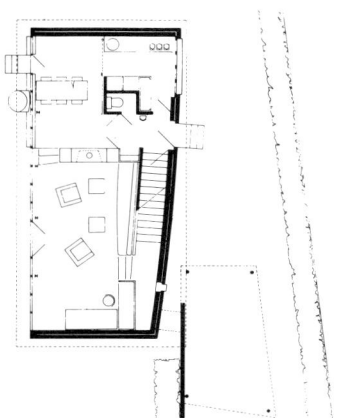
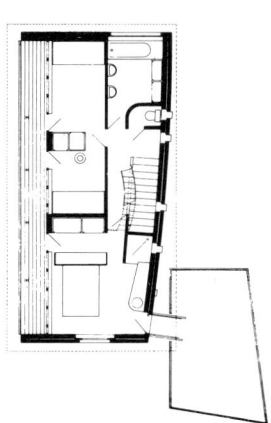
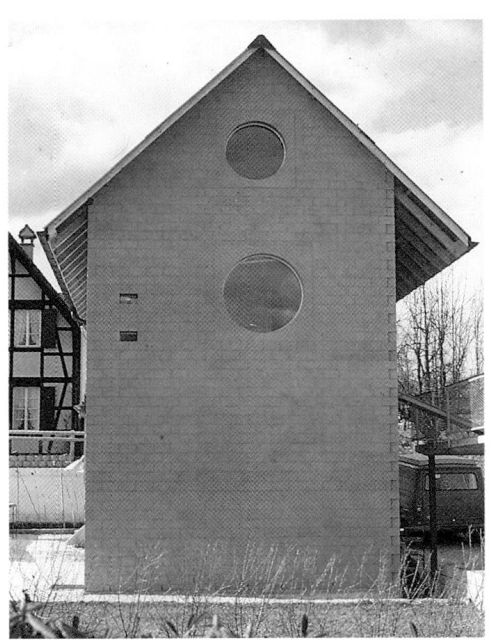

85

1980   Sala de exposiciones subterránea para "MURUS GALLICUS", Basilea. Proyecto

Underground exhibition space for "MURUS GALLICUS", Basle. Project

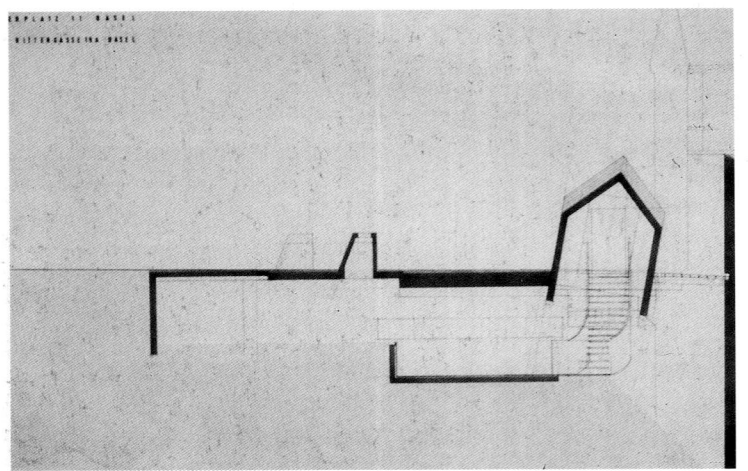
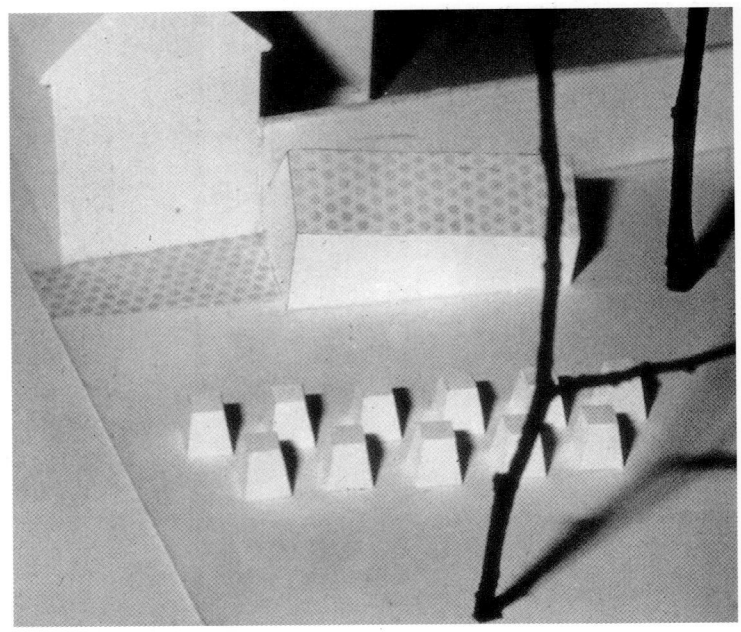

1982   Edificio comercial y residencial en una calle con mucho tráfico. Concurso. Claragraben 123, Basilea

Commercial and apartment building on a busy street. Competition. Claragraben 123, Basle

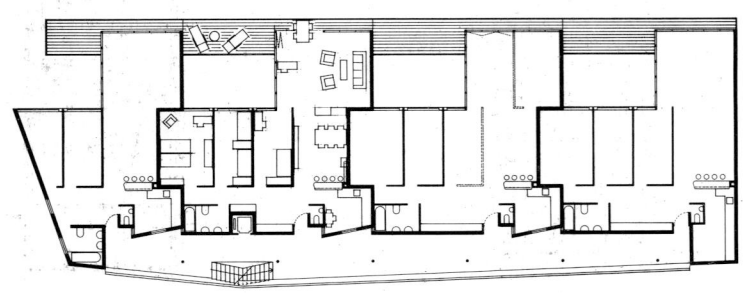
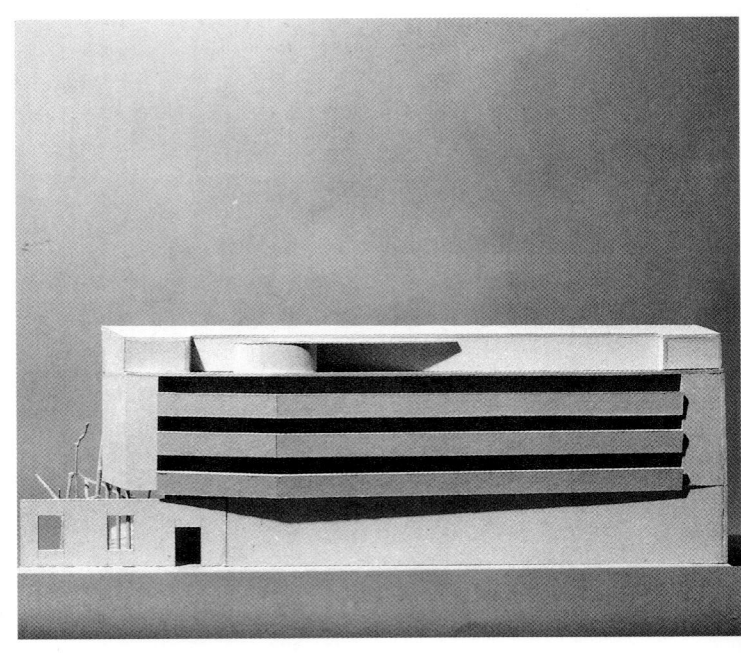

1982 - 1984 Casa para un veterinario.
Kreuzberg, Dagmersellen (cerca de Basilea)

House for a vet.
Kreuzberg, Dagmersellen (near Basle)

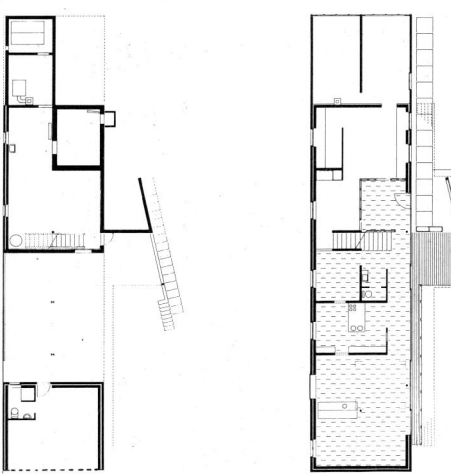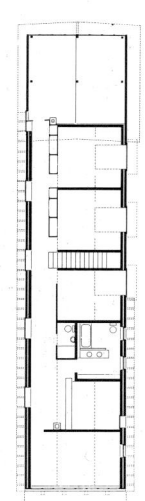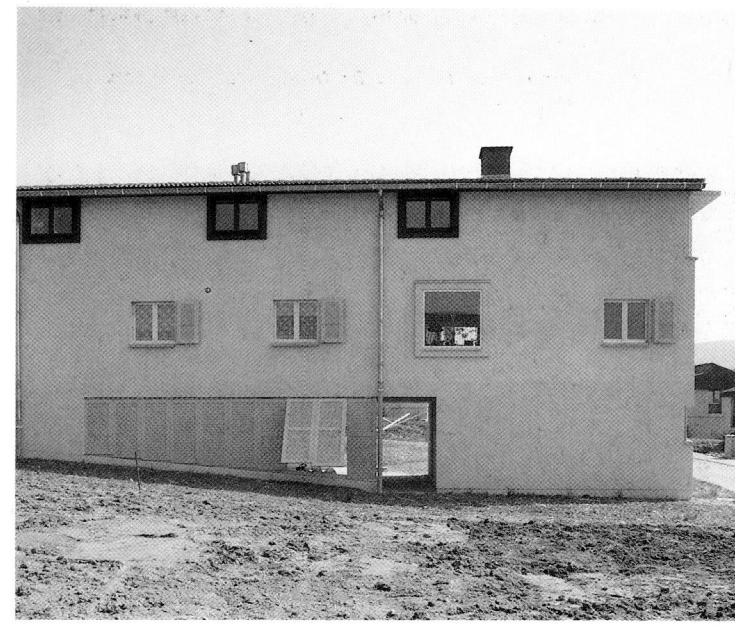

1984 - 1985 Casa entre medianeras: una casa en un largo, estrecho solar.
Concurso. Schutzenmattstrasse 11, Basilea.
Con Dieter Jungling

Gap site: a house on a deep, narrow site.
Competition. Schutzenmattstrasse 11, Basle.
With Dieter Jungling

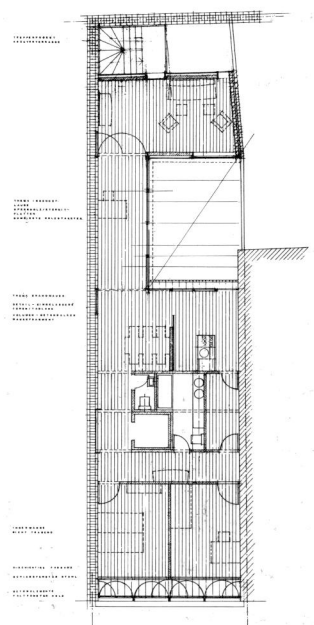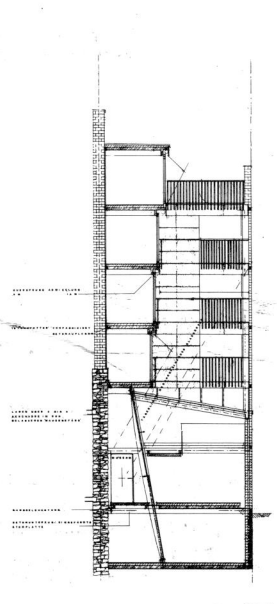

1985   "Lego"
Contribución a una exposición ambulante internacional

"Lego"
Contribution to an international travelling exhibition

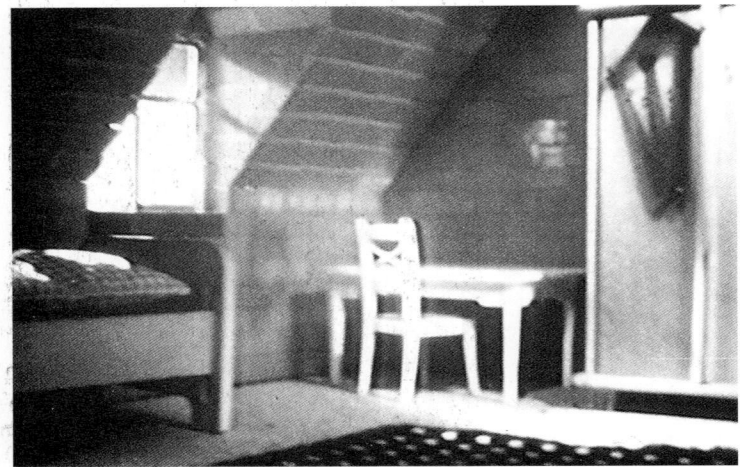
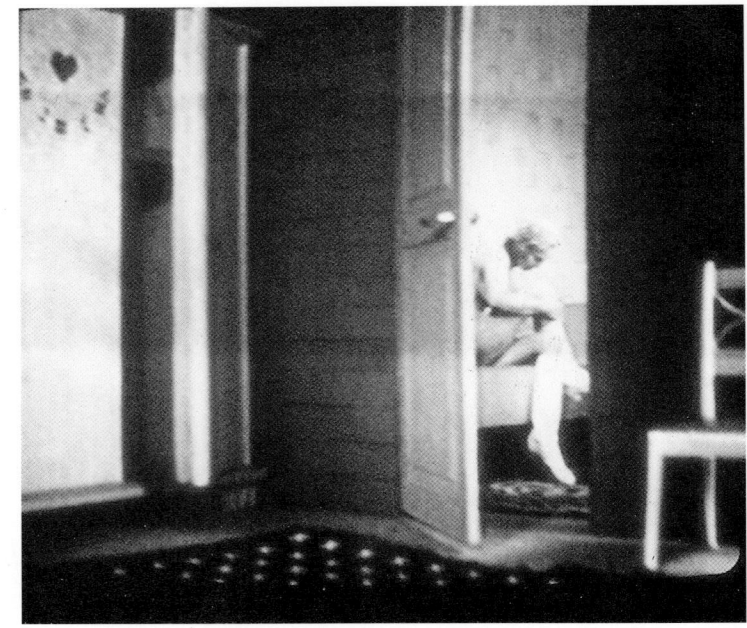

1985   Restaurante para el zoo de Basilea. Concurso.
Con Isabelle Sturm

Restaurant for Basle zoo. Competition.
With Isabelle Sturm

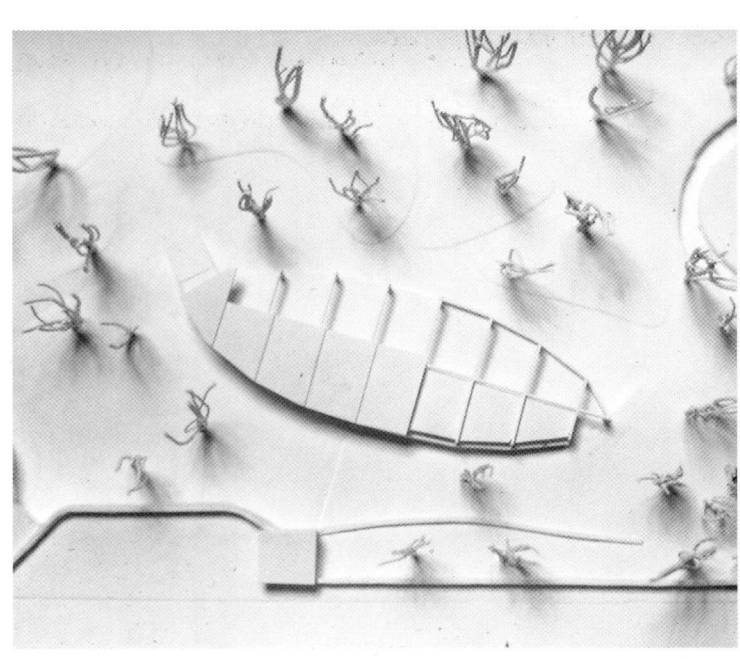

1986 Nueva fachada de tablaje para una casa particular.
Reformas. Fischingen (RFA)

New board facade for a private house.
Conversion. Fischingen (FRG)

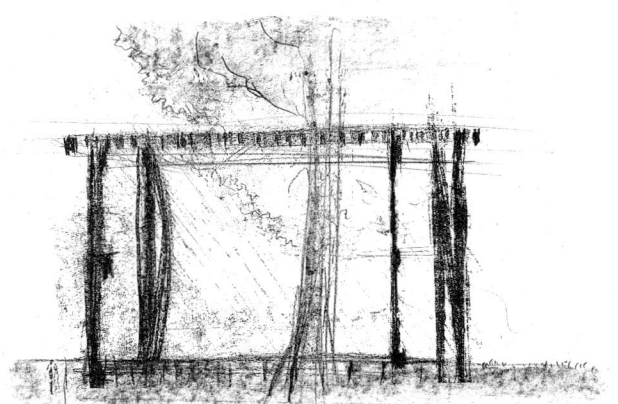

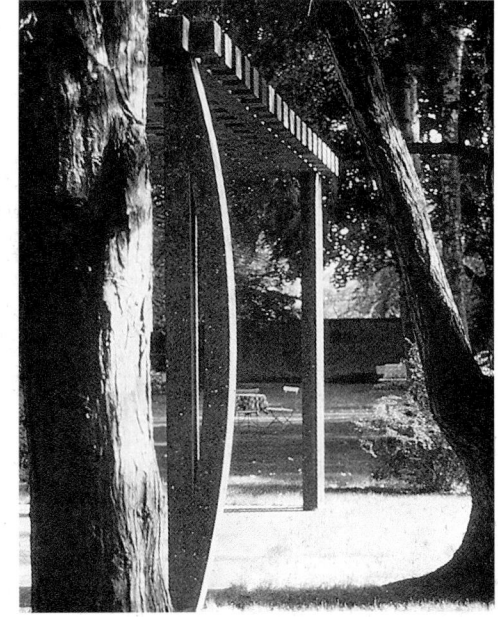

1986 E.D.E.N. Arquitectura para un jardín.
Concurso. Realización: 1987; Hotel Eden, Rheinfelden, cerca de Aargau

E,D,E,N, Architecture for a garden.
Competition. Construction: 1987; Hotel Eden, Rheinfelden, near Aargau

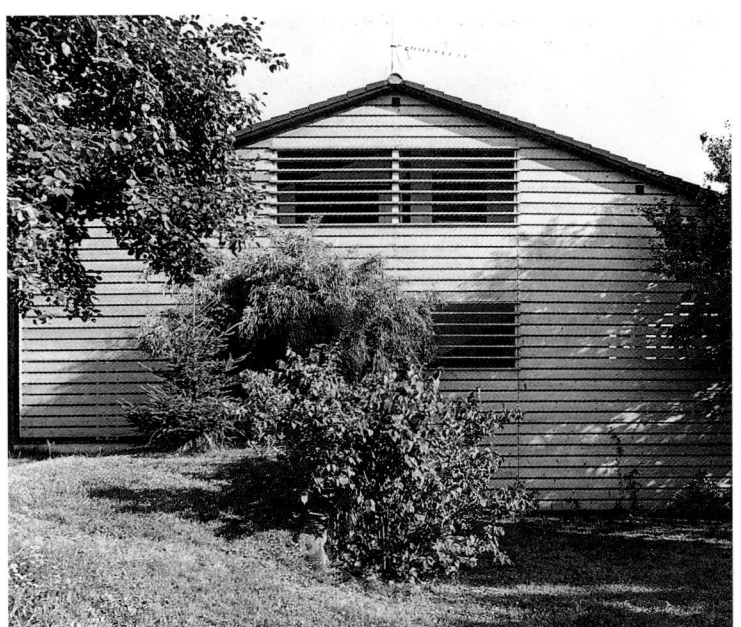

1987 Museos en Viena. Concurso

Museum in Vienna. Competition

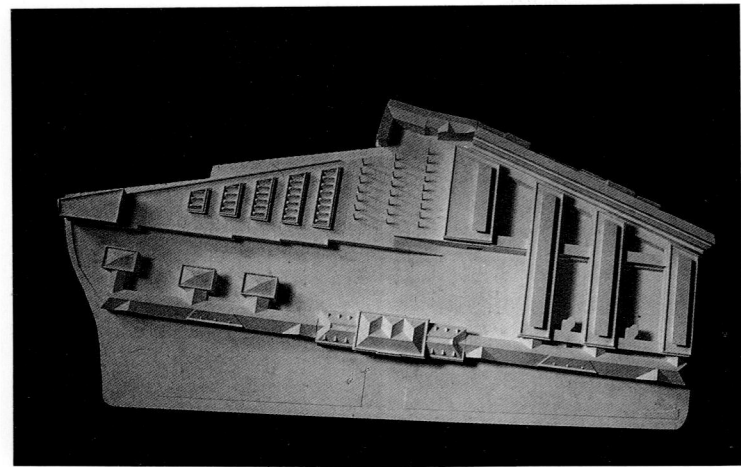
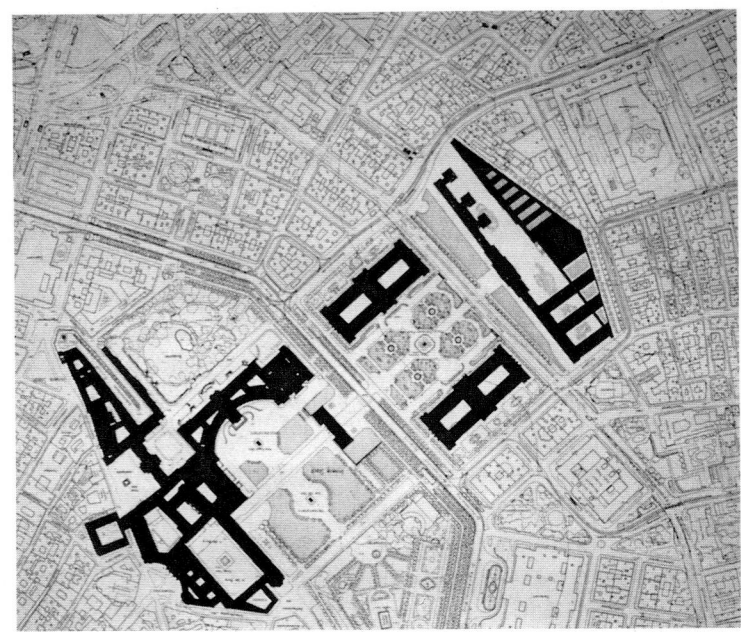

1987 Museo de Arqueología en Neuchatel. Concurso.
Con Michael Smolenicki

*Archaeological museum in Neuchatel. Competition.
With Michael Smolenicki*

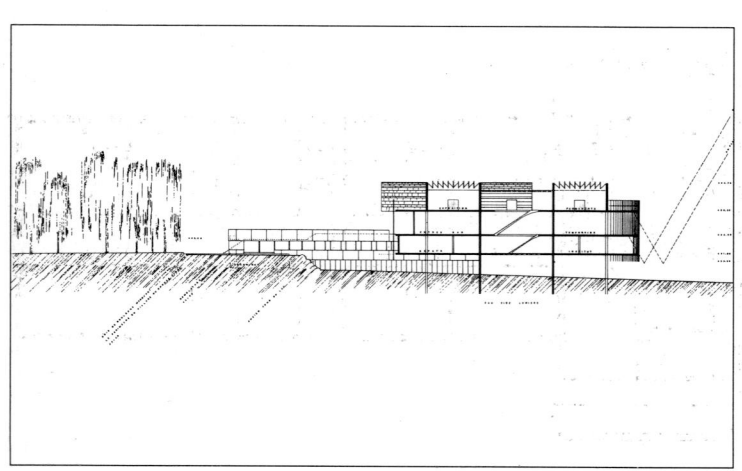
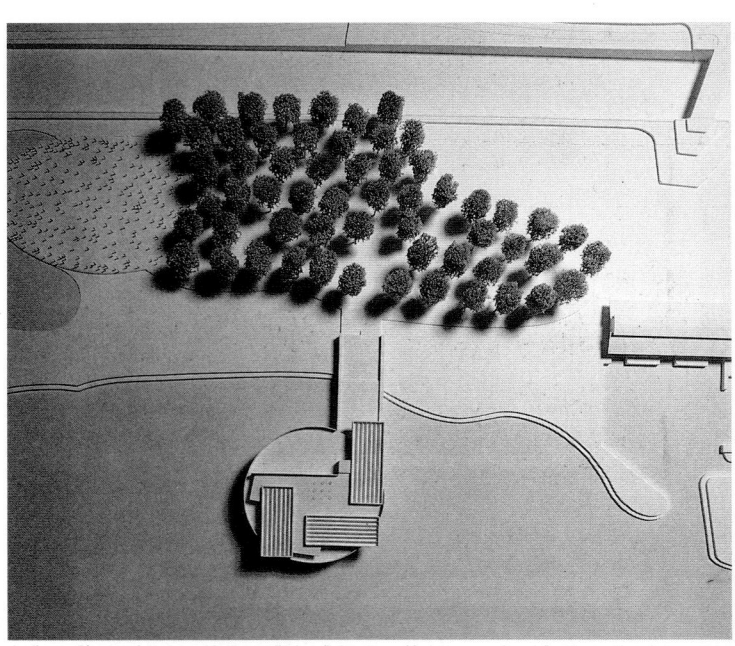

1987   Edificio administrativo con atrio de planta entera.
Proyecto: 1987; Edificio 430, polígono industrial SANDOZ AG, Basilea.
Con Isabelle Sturm

*Office building with full-length atrium.
Project: 1987; building 430, SANDOZ AG industrial estate, Basle.
With Isabelle Sturm*

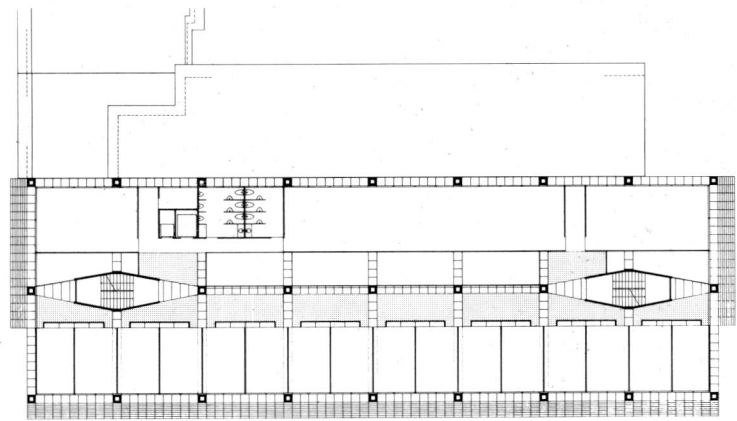
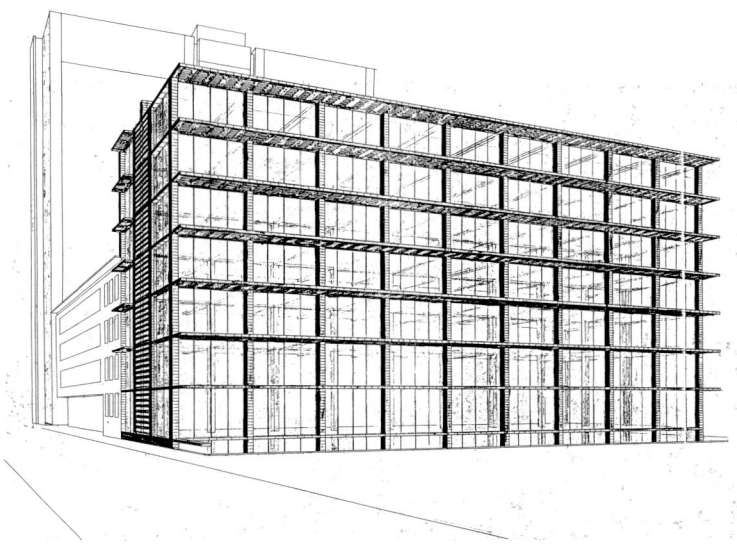

1988   Gaba-Areal en Basilea.
St. Johannsrheinweg (anteriormente Gaba-Areal), Basilea.
Con Annette Gigon

*Gaba-Areal in Basle.
St. Johannsrheinweg (formerly Gaba-Areal), Basle.
With Annette Gigon*

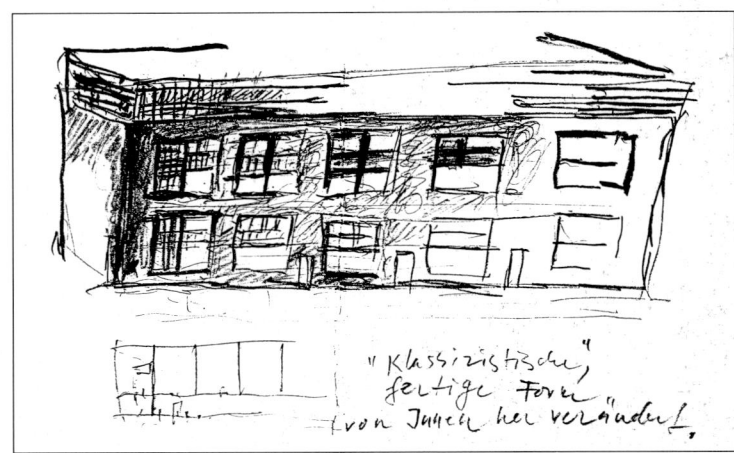
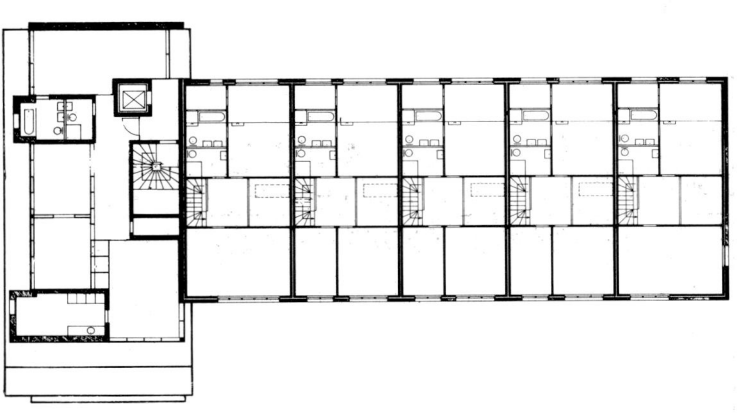

1988   Ampliación a un laboratorio.
        Nuevo edificio para procesos técnicos.
        Polígono industrial SANDOZ AG, Basilea

        Extension to a laboratory.
        New building for processing techniques.
        SANDOZ AG industrial estate, Basle

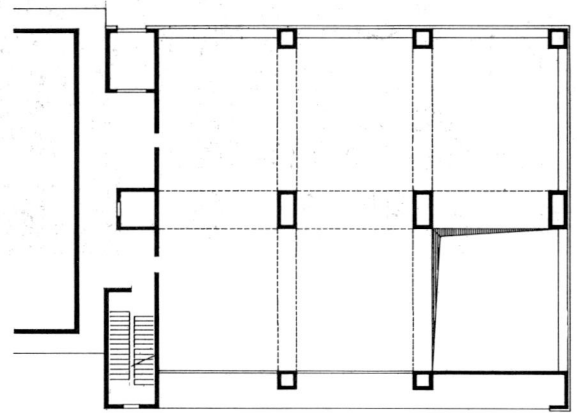
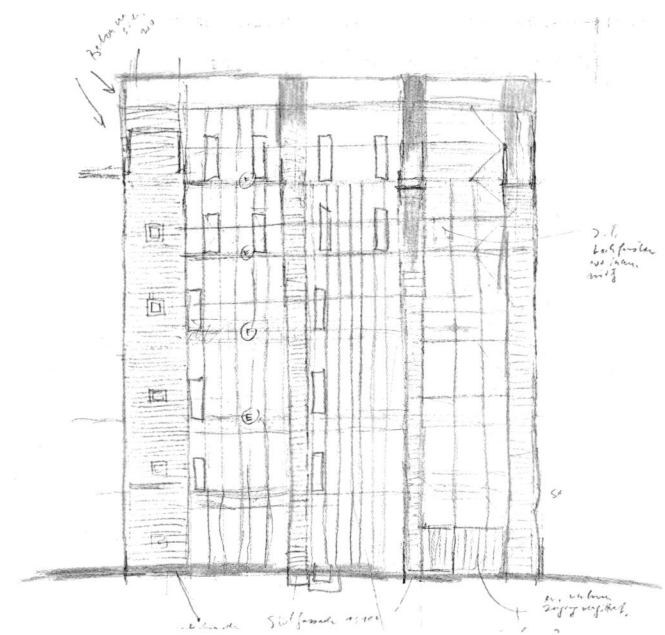

1988   Forma arquitectónica teórica.
        Herzog & de Meuron, Museo de Arquitectura, Basilea

        Theoretical architectural form.
        Herzog & de Meuron, Architecture museum, Basle.

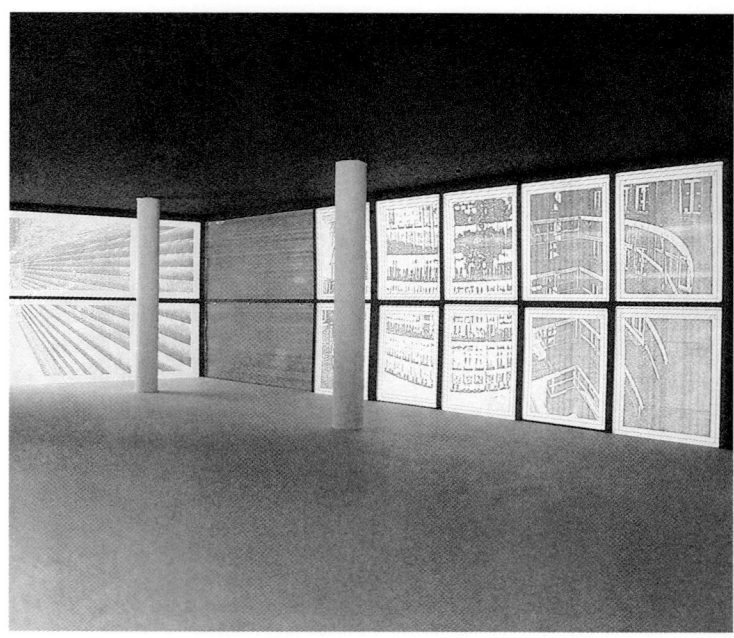

1988 - 1989   Estación de trenes y edificio administrativo, Basilea

Railway depot and administrative building, Basle

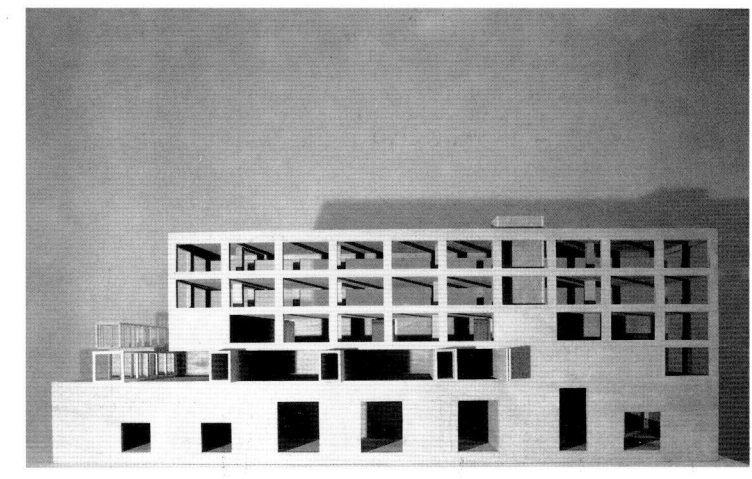

1989   Proyecto para la avinguda Diagonal, Barcelona.
Nueva estación depuradora y conjunto de depósitos.
Proyectado en colaboración entre Herzog & de Meuron y Meili & Peter

*Project for avenue Diagonal, Barcelona.
A new water purification plant and group of treatment tanks.
Designed in collaboration between Herzog & de Meuron and Meili & Peter*

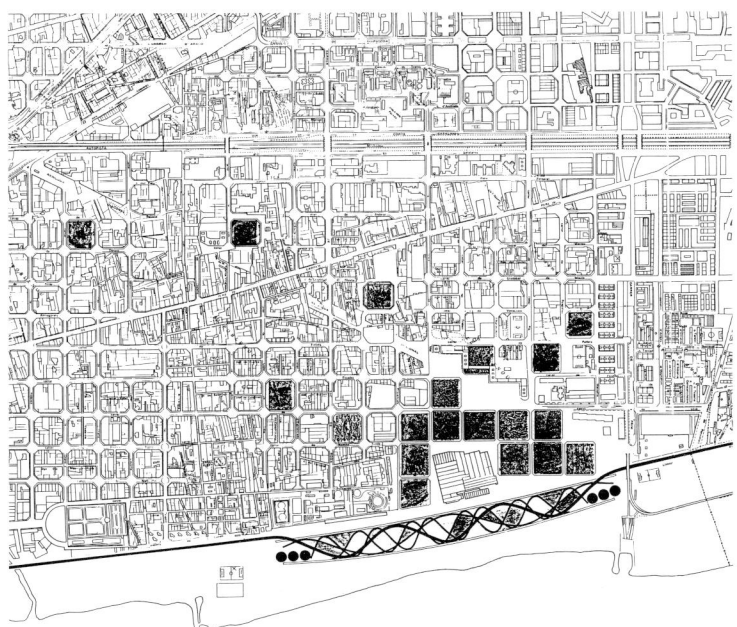

Biografía de Jacques Herzog y Pierre de Meuron

Biography for both Jacques Herzog and Pierre de Meuron

1950 Nacieron en Basilea

1970 Llegan a la madurez en Basilea

1975 Consiguen el título en Arquitectura de la ETH Zurich, estudiando con Aldo Rossi y Dolf Schnebli

1977 Auxiliares del profesor Dolf Schnebli

1978 Hasta ahora: socios de H & de M estudio de Arquitectura, Basilea

1983 Profesor invitado a la Cornell University, Ithaca, NY, EE.UU. (Herzog)

1987 Premio de Arquitectura de la Akademie der Kunste, Berlín

1989 Profesores invitados a la Harvard University, Cambridge, Mass., EE.UU.

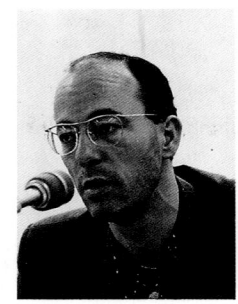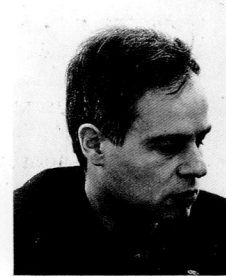

1950 Born in Basle

1970 Reached maturity in Basle

1975 Received the Degree in Architecture from the ETH Zurich after studying under Aldo Rossi and Dolf Schnebli

1977 Assistants to Professor Dolf Schnebli

1978 To the present: partners in H & de M Architecture Studio, Basle

1983 Visiting tutor at Cornell University, Ithaca, NY, USA [Herzog]

1987 Award for Architecture from the Akademie der Kunste, Berlin

1989 Visiting tutors at Harvard University, Cambridge, Mass. USA.

Bibliografía/*Bibliography*

1974
J.A. Herzog & P. de Meuron, *Architektonische Elemente der Stadtentwicklung Basels*

1976
J. Herzog & P. de Meuron, *La Piazza del Anfiteatro a Lucca/ Notizen einer Reise*

1977
The Village Cry
J. Herzog & P. de Meuron, *Rationale Architektur und historische Bezugsnahme*

1978
Werk archithese, n.º 13 y 14
J. Herzog & P. de Meuron, *Rationale und rationalistische Aspekte des Entwerfens*

1978
Werk archithese n.º 23 y 24
O. Birkner, J. Herzog & P. de Meuron, *Unterbrochene Stadt*, Basel

1980
Archithese, n.º 1

1981
Basler Magazin, n.º 16.
K. Wyss, *Architekten, die mit ihren Häusern die Anpassung verweigern*

1982
Archithese, n.º 1
Archithese, n.º 2

J. Herzog, *Das spezifische Gewicht der Architekturen*
Abitare, julio-agosto
Werk, Bauen + Wohnen, julio-agosto

1983
Archithese, n. 1
9H, n.º 5
Archithese, n.º 3
Abitare, octubre
E. & M. Boesch-Hutter: Luce per fotografare
Werk, Bauen + Wohnen, noviembre
H. & M. Bofinger, *Junge Architekten in Europa*

1984
Aktuelles bauen, julio
Parkett, n.º 2
Werk, Bauen + Wohnen, octubre
"L'Architecture est un jeu... magnifique, one specific room", en *L'Architecture LEGO*

1985
a + u, abril
Archithese, n.º 5
82 Arch+,
Parametro, noviembre
Auszeichnung Guter Bauter 1985
Quaderns d'Arquitectura i Urbanisme, octubre

1986
Archithese, n.º 1
Rivista Tecnica, enero-febrero
Werk, Bauen + Wohnen, septiembre

1987
Werk, Bauen + Wohnen, octubre
E. Bru y J.L. Mateo, *Arquitectura Europea Contemporánea*, Editorial Gustavo Gili, Barcelona, 1987
Um Bau, diciembre

1988
Neuere architektur, enero.
Werk, Bauen + Wohnen, enero-febrero
Forum, n.º1
Casabella, marzo
Quaderns d'arquitectura i urbanisme, n.º 175
A3 Times, n.º 10
Werk, Bauen und Wohnen, marzo
Werk, Bauen und Wohnen, mayo
Premio Internationale di Architettura Andrea Palladio
Casabella, septiembre
Hochparterre, noviembre
Emerging European Architects
Werkstatt Metropole Wien, diciembre

1989
AMC, diciembre 88 - enero 89

Agradecimientos/*Acknowledgments*

Desde el comienzo de nuestra actividad profesional, han colaborado en nuestro estudio las siguientes personas:

Since the beginning of our professional activity, the following persons have worked in our studio:

Barbara Bühler	Christine Baumeister
Heiri Degelo	Tomas Berger
Annette Gigon	Nadia Caponetto
Dieter Gysin	Astrid Matathias
Christoph Hari	Sibylle Nussbaumer
Dieter Jüngling	Mathias Schmidlin
Renée Levi	Luca Selva
Diethelm Locher	Michael Smolenicky
Mario Meier	Daniel Spalinger
Rina Plangger	Christine Staehelin
Annette Spiro	Christoph Stanffer
Isabelle Stürm	Doris Wälchli
Thomas Werner	Cordula Wigger
Gerold Wiederin	

Son autores de las fotografías: / *The photographs were taken by:*

Pierre de Meuron
Rut Himmelsbach
Margherita Krischanitz
Rolf Frei
André Muelchaupt

El presente volumen ha sido realizado por / *This volume has been prepared by*

Herzog & de Meuron + Annette Spiro